Der gelbe Stern

Gerhard Schoenberner
Der gelbe Stern

Die Judenverfolgung in Europa 1933 bis 1945

C. Bertelsmann Verlag

© 1978 Gerhard Schoenberner und C. Bertelsmann Verlag GmbH, München
Gesamtherstellung: Mohndruck Reinhard Mohn OHG, Gütersloh
ISBN 3-570-05490-X · Printed in Germany

*Deutschland, du sollst die Ermordeten nicht
und nicht die Mörder vergessen!*
Klabund

Geschäfte werden geplündert, Gotteshäuser brennen. Hunderte von Schlitten ziehen durch den Schnee der Lodzer Vorstadt ins Ghetto, ein alter Mann wankt am Arm seines Sohnes dem Deportationszug entgegen. In einem russischen Dorf findet unter freiem Himmel eine traurige Massenversammlung der zum Tode Verurteilten statt. In Amsterdam wartet ein kleiner Junge, sein Holzpferdchen neben sich, auf die Registrierung. Und an der Verladerampe in Auschwitz steht ein unformierter Arzt und sortiert Menschen für die Gaskammer.

Was geschieht hier?

Sie nannten es »Umsiedlung«, wenn sie Menschen ins Todeslager abtransportierten, sagten »Beschlagnahme«, wenn sie den Opfern ihr letztes Eigentum raubten, und sprachen von »Sonderbehandlung«, wenn sie Mord meinten.

Was hier in diesem Buch gezeigt wird, ist unsere eigene Tat. Sie geschah durch uns, auch wenn wir sie nicht selbst verübt haben. Wir haben sie geduldet, sie geht uns an. Deshalb sind wir befangen vor ihr und möchten sie am liebsten nicht wahrhaben.

Die Judenverfolgung war nur eines, aber das furchtbarste Verbrechen unter zahllosen anderen, die von den Nazis begangen wurden. Aber an diesem Beispiel zeigt sich die menschenfeindliche Natur ihrer Ideologie und der kriminelle Charakter ihrer Praxis besonders deutlich. Der Massenmord an Millionen unschuldiger Menschen war keine Entartung des Nationalsozialismus, sondern nur die folgerichtige Anwendung seiner eigenen Prinzipien.

Es gibt bereits eine umfangreiche Literatur über das Phänomen des Antisemitismus und über das Regime der Gaskammern, in dem er seine furchtbare Realisierung fand. Dieses Buch macht den Versuch, die Geschichte der Judenverfolgung durch das Dritte Reich in Bildern zu erzählen. Es ist ein Buch von Toten. Alle hier abgebildeten Menschen, soweit nicht ein besonderes Glück sie rettete, wurden ermordet. Nur ihre Verfolger, soweit nicht besonderes Mißgeschick sie ereilte, sind noch am Leben.

Im Buch wird zu einem Drama gerafft, was in Wirklichkeit ein endloser Prozeß sich steigernder Qualen war. Die Jahre der Demütigung, des Hungers, der Angst und des Sterbens lassen sich durch kein Foto beschwören. Sie sind optisch nicht faßbar. Die Bilder können nur eine Ahnung davon geben, was geschah. Sie können zu beschreiben versuchen, was andere erlebt und durchstorben haben; erleben und begreifen lassen können sie es uns nicht.

Erreichen uns diese Bilder eines düsteren Gestern noch in der Geschäftigkeit unserer eilig restaurierten Existenz? Sind sie nicht fast schon wieder eine Lüge, wie sie uns heute vor Augen treten, auf Kunstdruckpapier und sauber gebunden, gefiltert aus der Wirklichkeit, aber ohne ihren Schmutz, ohne die Blutflecke und ohne die Schreie der Angst? Unsere Phantasie muß sie hinzudenken, jene andere Atmosphäre einer von Gewalttätigkeit und Entsetzen vergifteten Luft, die harten Schritte der Stiefel auf dem Pflaster und die herrischen Stimmen der Eroberer, die in deutscher Sprache ihre Befehle schreien und sich wie wilde Tiere benehmen, weil man sie gelehrt hat, ihre Opfer seien keine Menschen. Es fehlt das Bellen der Schüsse und das erstickte Schluchzen der Kinder, die das Gesicht im Rock der Mutter verbergen; der würgende Gestank, der von den Menschenöfen über das Lager hinzieht, und der surrealistische Kontrapunkt einer heiteren Operettenmusik, die den morgendlichen Ausmarsch der Häftlinge zur Arbeit und den Gang der Todestransporte in die Gaskammern begleitet.

Die biblischen Prophezeiungen vom Jüngsten Gericht und die Angstvisionen eines Kafka wurden Wirklichkeit. Die Ungeheuer des Hieronymus Bosch erhoben sich in Menschengestalt. Sie hatten keine Krötengesichter, keine Hauer und Pferdefüße, sondern ein glattrasiertes Kinn und einen strenggezogenen Scheitel, und sie waren gute Familienväter. Sie bewegten sich in Autos und Flugzeugen und töteten per Fernschreiber und mit chemischen Giften. Das Dante'sche Inferno etablierte sich in der modernen Welt.

5

Wie die Nazipropaganda gerade durch das Ausmaß ihrer Unwahrheit glaubwürdig erschien, weil derart phantastische Lügen niemand für möglich hielt, so war die Wahrheit über die Naziverbrechen so unfaßbar, daß sich die Urheber bei dem Gedanken beruhigen konnten, sie werde vom deutschen Volk niemals geglaubt, sondern als Auslandspropaganda abgetan werden.

Ich erinnere mich, wie ich das erste Mal das Museum von Auschwitz sah. Die Lagerräume, bis an die Decke vollgestapelt mit Wäsche und Schuhen; die Waggonladungen von Frauenhaar, von Zahnbürsten, Brillen, Prothesen und Koffern, die hinter großen Glasfenstern ausgestellt waren. Damals ertappte ich mich bei der verzweifelten Hoffnung, daß dies nur ein Alptraum sei; daß die astronomischen Ziffern, die unser Begleiter nannte, auf Rechenfehlern beruhten; die erdrückenden Berge von Beweismaterial, diese eindringlichen stummen Zeugen, durch eine optische Spiegelung zu so entsetzlicher Größe aufgeschüttet schienen. Dabei wußte ich, daß dieses Magazin nur einen verschwindend kleinen Teil der persönlichen Habe der Opfer enthielt, den zurückgebliebenen Rest, den man bei Kriegsende nicht mehr hatte fortschleppen können. Und Auschwitz war nur eine jener Todesfabriken, die Menschen waggonweise maschinell töteten und verbrannten, wie andere Industriezweige Waren herstellen.

Die illustrierte Presse hat uns an das Grauen gewöhnt: Feuersbrünste, Erdbeben, Überschwemmungen, ein Rennwagen, der aus der Bahn geschleudert wird, ein Mensch, der von einer Brücke in den Tod springt. Mit taktloser Neugier fotografiert die Kamera in offene Särge und in die weinenden Gesichter der Hinterbliebenen hinein. Aber fast immer sind es Naturkatastrophen oder vereinzelte Unglücksfälle, deren Zeuge der Reporter mehr oder minder zufällig wurde. Das Erschreckende an den Bildern dieses Buches ist, daß es sich hier um ein staatlich geplantes millionenfaches Verbrechen handelt, das Phase für Phase im Bilde festgehalten wird. Und das Ungeheuerlichste: es sind die Mörder selbst, die sich bei ihrem Handwerk fotografieren.

Man stelle sich vor, ein professioneller Raubmörder würde einen Freund beauftragen, ihn aufzunehmen, wie er sein Opfer auswählt, in die Falle lockt und tötet, und die so erhaltenen Bilder zur Erinnerung in sein Fotoalbum kleben. Genau das ist die Situation. Die Aufnahmen stammen fast ausnahmslos aus deutschen Quellen. Sie wurden in der Mehrzahl von amtlichen Pressefotografen des Regimes und zum kleineren Teil von privaten Amateuren in deutscher Uniform gemacht.

Man legte tatsächlich regelrechte Fotoalben an, in denen man über Ausweisungen und Exekutionen berichtete, wie über eine Ferienreise an die Ostsee oder ins Riesengebirge. In vielen wissenschaftlichen Instituten können wir noch heute diese makabren Imitationen des alten Familienalbums betrachten. Jene offiziellen, die für die Archive des Dritten Reiches oder irgendeinen Himmler bestimmt gewesen sein mögen, oder die privaten, die Hitlers Krieger nach Hause mitbringen wollten, zum Andenken an vollbrachte Heldentaten, für die es Sonderrationen an Schnaps und Zigaretten gab, aber auch Orden, die heute wieder getragen werden.

Man sieht hier immer nur die kleinen Helfershelfer, die Zutreiber und Totschläger. Von den Großen, den Theoretikern und Organisatoren, den Propagandisten und Großaktionären des Rassenwahns gibt es kein Bild, das ihre Tätigkeit hinreichend charakterisiert. Sie blieben am Schreibtisch und ließen sich dort nicht sehen, wo ihre Pläne ausgeführt wurden.

Die Fotos übertreiben nicht. Wären sie aus der Perspektive der Verfolgten gemacht, die ihre eigenen Leiden und die Grausamkeiten ihrer Peiniger darstellen, es ergäbe sich ein anderes Bild. Vielleicht wäre es für manchen hierzulande lehrreich, die »Herrenrasse« ein einziges Mal in der Rolle zu sehen, in der ein ganzer Kontinent sie erlebte und in Erinnerung behielt.

Die Menschen, die hier gezeigt werden, mußten sich fotografieren lassen. Sie, die in den sicheren Tod gingen, und oft bereits wußten, daß sie sterben müssen, sahen die Kamera des Feindes auf sich gerichtet. Ihr Blick in das Objektiv trifft uns, die wir diese Fotos zwanzig Jahre später betrachten, und versetzt uns in die Rolle der Mörder. Es sind Blicke furchtsamer Erwartung und hoffnungsloser Verzweiflung, des hellen Schreckens und der Ergebenheit in das eigene Schicksal. Viele Gesichter sind mißtrauisch verschlossen. Andere versuchen ein armseliges Lächeln der Angst, um den Herrn Deutschen gnädig zu stimmen. Ach, manche fielen auf die Knie und küßten den fremden Männern in der Totenkopf-Uniform die Hände, um Gnade zu erbitten, weil sie in ihnen noch immer Menschen sahen und glaubten, ihr Herz rühren zu können. Aber jene sprachen sich selbst vor, daß die Bittenden Ungeziefer seien, wie sie es in ihren Kasernen und Ordensburgen gelernt hatten, und führten den Befehl ihrer Auftraggeber aus.

Die Herkunft der Fotos bedingt eine doppelte Einseitigkeit. In ihrer Verblendung fühlten sich die Mörder als Siegfried, der den Drachen niederringt. Sie sahen sich selbst in der Rolle des Helden und ihre wehrlosen Opfer als Untermenschen. Ihre Aufnahmen sind ein Versuch, dieses Verhältnis zu dokumentieren. Die Fotografen haben viel Zeit darauf verwandt, ihre Objekte in möglichst ungünstigen Situationen zu fotografieren. Sie vertrauten der primitiven Psychologie, daß verängstigte, gequälte, übernächtigte Menschen dem oberflächlichen Betrachter leicht abstoßend erscheinen. Aber sie suchten auch mit Bedacht immer Physiognomien aus, die nach ihrer Vorstellung besonders unsympathisch waren und jenem Zerrbild des Juden am nächsten kamen, das die antisemitische Propaganda der Nazis geprägt hatte.

Es ist aufregend zu beobachten, wie in diesen Bildern dennoch die Wahrheit immer wieder durchschlägt. Wieviel menschliche Würde die Opfer noch in größter Erniedrigung und Ohnmacht bewahren und wie Roheit und Gewalt, die sich eitel spreizen, dagegen erbärmlich und gemein werden. Ob pausbäckige kleine Kinder oder verbrauchte alte Menschen: der Gedanke ihrer Ermordung bringt uns die Verfolgten nahe und nimmt uns ein für das Recht eines jeden auf Leben. Ob harte, verkniffene Mienen der Grausamkeit oder zarte Jünglingsgesichter: in dieser Situation und durch diese Taten denunziert, stehen die Uniformierten vor unseren Augen als Mörder da.

Andererseits bemühen sich die Fotos, den barbarischen und blutigen Charakter der Vorgänge zu verschleiern, um nicht etwa Regungen menschlichen Mitgefühls aufkommen zu lassen. So sind die Bilder vom Leben im Warschauer Ghetto und von seiner Vernichtung, aber auch die Aufnahmen aus dem Todeslager nach allem, was wir aus amtlichen wie privaten Berichten und geheimgehaltenen Filmaufnahmen darüber wissen, in ihrer Stilisierung beinahe unwahr; um soviel schlimmer ist die Wirklichkeit. Aber vieles gerät trotz der Selbstzensur noch ins Bild: weil man es als richtig empfindet, daß sich Frauen ausziehen müssen vor den waffenstarrenden Männern der Exekutionskommandos, daß Mütter ihre Säuglinge auf dem Arm in die Gaskammer tragen und daß Kinder zusehen müssen, wie ihre Eltern niedergemacht werden. Die Bilder in diesem Buch zeigen, was die Mörder noch für fotografierbar hielten.

Die Dokumentation ist notwendig unvollständig. Manches fehlt. Aufnahmen über die Herstellung von Seife aus den Leichen Ermordeter, von Menschen, deren Gliedmaßen durch SS-Ärzte verstümmelt wurden, von Lampenschirmen aus tätowierter Menschenhaut und nach Art der Kopfjäger präparierten Skalps wurden bewußt nicht in diese Sammlung aufgenommen. Es gibt naturalistische Details, die allenfalls für die Pathologie von Interesse sind, ohne zum allgemeinen Verständnis dieser Menschheitstragödie beizutragen. Vom Leben der Untergetauchten und Geflüchteten, die viele Monate auf einem Dachboden oder in einem Kellerloch versteckt dahinvegetierten, bis sie oft doch noch durch Unvorsichtigkeit oder Denunziation in die Hände der Gestapo fielen, gibt es kein Bild. Vom stillen Heldentum derer, die das eigene Leben wagten, um den Verfolgten zu helfen, und jener, die den Widerstand gegen ein unmenschliches System organisierten, existieren nur die Augenzeugenberichte einiger Überlebender. Über die Massenexekutionen der jüdischen Bevölkerung in den besetzten Gebieten der Sowjetunion gibt es wenig erreichbares Bildmaterial. Schon 1941 wurde ein generelles Verbot erlassen, von Erschießungen fotografische Aufnahmen anzufertigen. Man versuchte auch, alle vorhandenen Fotoserien einzuziehen, weil man befürchtete, daß sie durch in Gefangenschaft geratende Soldaten auf die Gegenseite gelangen könnten. Die vorhandenen Bilder geben nur einen unzureichenden Begriff von der viehischen Brutalität und dem ungeheuerlichen Ausmaß dieser Abschlachtung eines ganzen Bevölkerungsteils. Die Kamera führt uns auch nur bis an die Schwelle der Gaskammer. Was dort geschah, wenn die großen Bunkertüren verriegelt waren, sahen nur die SS-Leute, die durch kleine Beobachtungsfenster den Vorgang des allmählichen Erstickens verfolgten, und die unglücklichen Häftlinge des Sonderkommandos, die anschließend die Ermordeten forträumen und in die Öfen schaffen mußten. Der Anblick dieser letzten Station bleibt uns verschlossen und erspart. Das Sterben, der Tod selbst, entzieht sich unserem Blick. Aber wir sehen den endlosen Zug der Deportierten aus Deutschland und allen besetzten Ländern Europas seinen Leidensweg antreten, über Registrierung und Auffanglager, Ghetto und Zwangsarbeit, bis zur letzten Station, der Vernichtung entgegen. Ein Zug von Millionen, zu Fuß, auf Fuhrwerken, in Güterwagen und Lastautos, auf dem Weg ins Nichts. Wir sehen die Menschen sich auskleiden, sehen die Öfen, in denen sie verschwanden, und sehen die Kleider und Schuhe, die von ihnen geblieben sind.

Die Jahre vergehen. Die Baracken in Birkenau, die einmal bis zum Dach erfüllt waren von menschlicher Not und Qual, stehen leer und verfallen. Die Gruben, in denen man Menschen verbrannte, haben sich mit Regenwasser gefüllt und sind zu schilfumwachsenen kleinen Tümpeln geworden. Nur die weißgraue Färbung der Erde erinnert noch daran, wessen Asche hier verstreut wurde. Von den gesprengten Gaskammern und Krematorien sind noch einzelne geborstene Betonplatten übriggeblieben und verbogene Eisendrähte, die ihre rostigen Finger in die Luft strecken. Zwischen den Hütten wuchern große Sträucher blühender Heckenrosen. Und der von vielen Tausend Holzschuhen festgestampfte Boden, auf dem kein Halm wuchs, ist zu einer wogenden Wiese geworden, die im Sommer gemäht wird.

Laßt die Vergangenheit ruhen, verlangen heute jene, die sie zu verbergen haben. Beschmutzt nicht den deutschen Namen, schreien diejenigen, die ihn mit ihren blutigen Händen befleckten. Laßt Gras darüber wachsen, raten uns die Mörder. Und viele sprechen es ihnen gedankenlos nach. Sie vergessen, daß man sich außerhalb Deutschlands eine sehr viel schärfere Erinnerung an jene Jahre bewahrt hat und daß die Tatsachen, die bei uns oft noch verstocktem Schweigen oder ungläubigem Erstaunen begegnen, ohnehin allgemein bekannt sind. Die geschwiegen haben, als zum Sprechen Zeit war, reden laut von Versöhnung. Selbst Wohlmeinende sprechen allenfalls von Scham. Aber es bleibt eine Mitschuld, von der man sich nicht einfach loskaufen und die man nicht »wiedergutmachen« kann. Die Toten kann niemand wieder zum Leben erwecken. Was geschehen ist, läßt sich nicht ungeschehen machen.

Nachträgliche moralische Verdammung und menschliches Bedauern genügen nicht. Es geht darum, die historischen Fakten zur Kenntnis zu nehmen, die gesellschaftlichen Ursachen zu begreifen, die sie möglich machten, und der eigenen Verantwortung für das, was um uns herum geschieht, bewußt zu werden. Wir entrinnen unserer Vergangenheit nicht, indem wir sie aus dem Gedächtnis verdrängen. Nur wenn wir uns mit ihr auseinandersetzen und die Lehren jener Jahre verstehen, können wir uns von der Erbschaft der Hitlerbarbarei befreien. Politik ist kein unabwendbares Schicksal. Sie wird von Menschen gemacht und kann von Menschen verändert werden.

In Hitlerdeutschland

Antisemitismus war ein grundlegender Bestandteil in Hitlers Programm. Antisemitismus hieß die magische Formel, mit der er alle gesellschaftlichen Mißstände erklärte und die politisch desorientierten Massen auf seine Seite zog. Antisemitismus war das Mittel, mit dem er die Rechtsordnung zerschlug, die Diktatur errichtete und das deutsche Volk in seine Verbrechen verstrickte.

Am 30. Januar 1933 kommt Hitler an die Macht. Die Unterdrückung aller Andersdenkenden beginnt. Nach dem Reichstagsbrand setzt der offene Terror ein. Gleichzeitig verstärkt sich auch die Verfolgung der Juden. Sprechchöre der SA zwingen Richter, die Verhandlungen abzubrechen; Professoren können ihre Vorlesungen nicht mehr halten; Passanten werden auf offener Straße niedergeschlagen.

Auf die Schreckensnachrichten, die in der gesamten Weltpresse erscheinen, antwortet die Regierung mit verstärktem Terror. Als »Abwehrmaßnahme gegen die Greuelhetze« organisiert sie den ersten zentralen Boykott gegen alle jüdischen Ärzte, Rechtsanwälte und Geschäftsinhaber. SA-Posten stellen sich vor den Geschäften und Büros auf. Wer die Drohungen nicht beachtet, riskiert verprügelt und öffentlich angeprangert zu werden. Der Boykott erstreckt sich bald auf alle Gebiete des geistigen Lebens. Heines Verse und Mendelssohns Musik, das Werk von Sigmund Freud und Einsteins Formeln, Liebermanns Gemälde und Reinhardts Theater haben keinen Platz mehr in Deutschland.

Die »Säuberung« der öffentlichen Bibliotheken von jüdischen Autoren wird zu einer Aktion gegen die deutsche Literatur der Gegenwart und den freien Geist schlechthin. 250 Schriftsteller, Juden und Nichtjuden, unter ihnen so bekannte Namen wie Thomas Mann, Heinrich Mann, Bertolt Brecht, Stefan Zweig, Hugo von Hofmannsthal, Franz Werfel, Erich Kästner und Kurt Tucholsky werden verboten. Nachdem die Nazipropaganda einmal die unsinnige These popularisiert hatte, daß die Juden an allem schuld waren, genügte es, unerwünschte Geistesrichtungen und jegliche Opposition als jüdisch beeinflußt hinzustellen, um ihre Beseitigung und die physische Verfolgung ihrer Anhänger zu rechtfertigen. In diesem Sinne war für die Nazis jeder Gegner Hitlers ein Jude, und wenn er kein Jude war, so war er ein »Judenknecht«. Für jede Gewaltmaßnahme, vom Verbot der demokratischen Parteien und freien Gewerkschaften bis zum Kampf gegen die christlichen Kirchen, lieferten antisemitische Parolen die Begründung.

Dem wilden Terror, der die Gesetze vorwegnimmt, folgen die Gesetze, die den Terror legitimieren. Aus einem Beruf nach dem anderen werden die jüdischen Bürger ausgeschlossen. Alle diese Aktionen begleitet die Regierung mit einer sich ständig steigernden Hetzkampagne, die ihre Opfer der absurdesten Verbrechen beschuldigt, um sich gegenüber der Bevölkerung ein Alibi für ihr Vorgehen zu schaffen und weitere, noch schlimmere Maßnahmen psychologisch vorzubereiten. Im Sommer 1935 bedeckt sich Deutschland auf Anweisung der NSDAP mit Verbotsschildern, auf denen die Juden vor dem Betreten von Restaurants, Badeanstalten und ganzer Ortschaften gewarnt werden. Auf diese Weise wird in der Öffentlichkeit der Eindruck erweckt, als zwinge das deutsche Volk den Gesetzgeber zum Eingreifen. Am 15. September beschließt der Reichstag die antisemitischen Nürnberger Gesetze, das Reichsbürgergesetz, das die Juden zu Staatsangehörigen zweiter Klasse erniedrigt, und das mittelalterliche Blutschutzgesetz, das die Eheschließung zwischen Juden und Nichtjuden verbietet. Sie bilden die Grundlage für eine ganze Flut von Verordnungen und neuen Gesetzen, mit denen die Juden der letzten Rechte beraubt werden. 1938 steigert sich die Verfolgung zum offenen Pogrom. Die Synagogen werden in Brand gesteckt, die Menschen gejagt und mißhandelt, ihre Wohnungen und Geschäfte zerstört oder geplündert. Die Regierung organisiert das große Geschäft mit der »Arisierung« des jüdischen Besitzes und der Erhebung einer »Reichsfluchtsteuer« für die Auswanderung.

Menschen, deren Familien seit Jahrhunderten in Deutschland ansässig sind, gehen ins Ausland. Die Not der Emigration beginnt. Aber wer nicht bis nach Übersee flieht, ist noch nicht außer Gefahr.

Am 30. Januar 1939 droht Hitler im Reichstag für den Fall eines Krieges, den er bereits vorbereitet hat, mit der Vernichtung aller Juden in Europa.

Zwei Leseproben aus dem Jahr 1935

Aus dem nationalsozialistischen Studentenbund wird dem Stürmer geschrieben:
Bis vor kurzem noch wehrte man sich in der Kinderklinik der Medizinischen Akademie mit Erfolg gegen alles, was mit dem Wissen von Blut und Rasse zu tun hatte. Ein großer Teil der dortigen Schwesternschaft vom Roten Kreuz fühlte sich nämlich ihrem volljüdischen Chef Professor *Eckstein* aufs innigste verbunden. Mit wehleidigem Lächeln wurde denen dort begegnet, die sich vermaßen, dieses holde, einmütige Treiben als vielleicht nicht ganz zeitentsprechend hinzustellen. Im Gegenteil: in unerschütterlicher Treue brachten es Schwestern sogar fertig, zu kontrollieren, ob Anordnungen des Chefs von seinen mitarbeitenden nichtjüdischen Ärzten auch wirklich ausgeführt wurden.
Da bekam der wunderbare Einklang plötzlich einen jähen Riß. Viele böse Studenten wollten die Vorlesungen des Juden nicht mehr hören, und so mußte *Eckstein* seine Koffer packen.
Welch großer Kummer bei der ihm ergebenen Schwesternschar, als die Abschiedsstunde des Meisters heranbrach! Bis auf wenige Ausnahmen traten sie in sein Zimmer und nahmen rührenden Abschied!!!
Die Angelegenheit aber war damit für diese Schwestern vom Deutschen Roten Kreuz noch längst nicht erledigt. Man begann zu sammeln, d. h. es wurden Geldbeträge bis zu RM. 10.- von den lieben guten Schwestern gezeichnet. Du bist enttäuscht, lieber Leser, und sagst: Warum sollen diese deutschen Volksgenossen denn nicht Geld sammeln, es wird doch sicherlich für die Volkswohlfahrt gewesen sein. Aber nein, lieber Kamerad, diesmal irrst Du ganz gewaltig trotz Deiner natürlichen Logik. Das Geld sollte nämlich nicht etwa bedürftigen deutschen Menschen zugute kommen, sondern höre und staune! *Die Schwestern kauften davon ein Medaillon aus reinstem, gediegenem Gold, das inwendig ein Bild der Kinderklinik in Düsseldorf enthielt, und dieses Schmuckstück wurde dann dem Juden Eckstein von seinen deutschen Schwestern als unvergängliches Andenken zum Geschenk gemacht!* –
Wir schreiben übrigens 1935, und vor einiger Zeit hat man auch diesen braven Schwestern bereits ihr neues Dienstabzeichen verliehen. Man sieht darauf einen deutschen Adler, der ein Hakenkreuz auf seiner Brust trägt!

»Der Stürmer«, September 1935

Lieber Stürmer!

Gauleiter Streicher hat uns so viel von den Juden erzählt, daß wir sie ganz gehörig hassen. Wir haben in der Schule einen Aufsatz geschrieben unter dem Titel: »Die Juden sind unser Unglück«. Ich möchte bitten, meinen Aufsatz in Abdruck zu bringen.
Die Juden sind unser Unglück.
Leider sagen heute noch viele: »Die Juden sind auch Geschöpfe Gottes. Darum müßt Ihr sie auch achten.« Wir aber sagen: »Ungeziefer sind auch Tiere, und trotzdem vernichten wir es.« Der Jude ist ein Mischling. Er hat Erbanlagen von Ariern, Asiaten, Negern und Mongolen. Bei einem Mischling herrscht das Böse vor. Das einzige Gute, das er hat, ist die weiße Farbe. Ein Sprichwort der Bewohner der Südseeinseln lautet: »Der Weiße ist von Gott, und der Schwarze ist von Gott. Der Mischling aber ist vom Teufel.« Jesus sagte einmal zu ihnen: »Ihr habt zum Vater nicht Gott, sondern den Teufel.« Die Juden haben ein böses Gesetzbuch. Das ist der Talmud. Auch sehen die Juden in uns das Tier und behandeln uns danach. Geld und Gut nehmen sie uns mit aller List weg. Auch schon am Hofe Karls des Franken regierten Juden. Deshalb wurde das römische Recht eingeführt. Dieses paßte aber nicht für den deutschen Bauern: es war aber auch kein Gesetz für den römischen Ackerbürger, sondern es war ein jüdisches Händlergesetz. Sicherlich sind die Juden auch Schuld an dem Mord Karls des Franken. In Gelsenkirchen hat der Jude Grüneburg Aas an uns verkauft. Das darf er nach seinem Gesetzbuch. Aufstände haben die Juden angezettelt und zum Krieg haben sie gehetzt. Rußland haben sie ins Elend geführt. In Deutschland gaben sie der KPD Geld und bezahlten die Mordbuben. Wir standen am Rande des Grabes. Da kam Adolf Hitler. Jetzt sind die Juden im Auslande und hetzen gegen uns. Aber wir lassen uns nicht beirren und folgen dem Führer. Wir kaufen nichts beim Juden. Jeder Pfennig, den wir ihnen geben, tötet einen unserer Angehörigen.
Heil Hitler!

Erna Listing, Gelsenkirchen, Oswaldstr. 8

»Der Stürmer« Januar 1935

Die Nürnberger Gesetze

§ 1 (1) Staatsangehöriger ist, wer dem Schutzverband des Deutschen Reiches angehört und ihm dafür besonders verpflichtet ist ...
§ 2 (1) Reichsbürger ist nur der Staatsangehörige deutschen oder artverwandten Blutes, der durch sein Verhalten beweist, daß er gewillt und geeignet ist, in Treue dem Deutschen Volk und Reich zu dienen ...
§ 3 Der Reichsminister des Innern erläßt im Einvernehmen mit dem Stellvertreter des Führers die zur Durchführung und Ergänzung des Gesetzes erforderlichen Rechts- und Verwaltungsvorschriften.

Reichsbürgergesetz vom 15. September 1935

§ 1 (1) Eheschließungen zwischen Juden und Staatsangehörigen deutschen oder artverwandten Blutes sind verboten. Trotzdem geschlossene Ehen sind nichtig, auch wenn sie zur Umgehung dieses Gesetzes im Ausland geschlossen sind.
(2) Die Nichtigkeitsklage kann nur der Staatsanwalt erheben.
§ 2 Außerehelicher Verkehr zwischen Juden und Staatsangehörigen deutschen oder artverwandten Blutes ist verboten ...
§ 5 (1) Wer dem Verbot des § 1 zuwiderhandelt, wird mit Zuchthaus bestraft ...
(2) Der Mann, der dem Verbot des § 2 zuwiderhandelt, wird mit Gefängnis oder mit Zuchthaus bestraft.
§ 6 Der Reichsminister des Innern erläßt im Einvernehmen mit dem Stellvertreter des Führers und dem Reichsminister der Justiz die zur Durchführung und Ergänzung des Gesetzes erforderlichen Rechts- und Verwaltungsvorschriften.

Gesetz zum Schutze des deutschen Blutes und der deutschen Ehre vom 15. September 1935

... und ihr Kommentar

Die nationalsozialistische Staatsführung hat den unerschütterlichen Glauben, im Sinne des allmächtigen Schöpfers zu handeln, wenn sie den Versuch macht, die ewigen ehernen Gesetze des Lebens und der Natur, die das Einzelschicksal wie das der Gesamtheit beherrschen und bestimmen, in der staatlich-völkischen Ordnung des Dritten Reiches wieder zum Ausdruck zu bringen, soweit dies mit den unvollkommenen, Menschen zu Gebote stehenden Mitteln möglich ist. Die Rechts- und Staatsordnung des Dritten Reiches soll mit den Lebensgesetzen, den für Körper, Geist und Seele des deutschen Menschen ewig geltenden Naturgesetzen wieder in Einklang gebracht werden. Es geht also bei der völkischen und staatlichen Neuordnung unserer Tage um nicht mehr und nicht weniger als um die Wiederanerkennung und Wiederherstellung der im tiefsten Sinne gottgewollten organischen Lebensordnung im deutschen Volks- und Staatsleben ...
Das Blutschutzgesetz zieht die Trennung zwischen jüdischem und deutschem Blut in biologischer Hinsicht. Der in dem Jahrzehnt vor dem Umbruch um sich greifende Verfall des Gefühls für die Bedeutung der Reinheit des Blutes und die damit verbundene Auflösung aller völkischen Werte ließ ein gesetzliches Eingreifen besonders dringend erscheinen. Da hierfür dem deutschen Volk nur von seiten des Judentums eine akute Gefahr drohte, bezweckt das Gesetz in erster Linie die Verhinderung weiterer Blutmischung mit Juden ...
Kein nach der nationalsozialistischen Revolution erlassenes Gesetz ist eine so vollkommene Abkehr von der Geisteshaltung und der Staatsauffassung des vergangenen Jahrhunderts wie das Reichsbürgergesetz. Den Lehren von der Gleichheit aller Menschen und von der grundsätzlich unbeschränkten Freiheit des einzelnen gegenüber dem Staate setzt der Nationalsozialismus hier die harten, aber notwendigen Erkenntnisse von der naturgesetzlichen Ungleichheit und Verschiedenartigkeit der Menschen entgegen. Aus der Verschiedenartigkeit der Rassen, Völker und Menschen folgen zwangsläufig Unterscheidungen in den Rechten und Pflichten der einzelnen. Diese auf dem Leben und den unabänderlichen Naturgesetzen beruhende Verschiedenheit führt das Reichsbürgergesetz in der politischen Grundordnung des deutschen Volkes durch.

Stuckart/Globke, Kommentare zur deutschen Rassegesetzgebung

Die »Reichskristallnacht«

Berlin Nr. 234 404 9. 11. 2355
An alle Stapo-Stellen und Stapo-Leitstellen
An Leiter oder Stellvertreter

Dieses FS ist sofort auf dem schnellsten Wege vorzulegen.
1. Es werden in kürzester Frist in ganz Deutschland Aktionen gegen Juden, insbesondere gegen deren Synagogen, stattfinden. Sie sind nicht zu stören. Jedoch ist im Benehmen mit der Ordnungspolizei sicherzustellen, daß Plünderungen und sonstige besondere Ausschreitungen unterbunden werden können.
2. Sofern sich in Synagogen wichtiges Archivmaterial befindet, ist dieses durch eine sofortige Maßnahme sicherzustellen.
3. Es ist vorzubereiten die Festnahme von etwa 20 000 - 30 000 Juden im Reiche. Es sind auszuwählen vor allem vermögende Juden. Nähere Anordnungen ergehen noch im Laufe dieser Nacht.
4. Sollten bei den kommenden Aktionen Juden im Besitz von Waffen angetroffen werden, so sind die schärfsten Maßnahmen durchzuführen. Zu den Gesamtaktionen können herangezogen werden Verfügungstruppen der SS sowie Allgemeine SS. Durch entsprechende Maßnahmen ist die Führung der Aktionen durch die Stapo auf jeden Fall sicherzustellen.

Gestapo II Müller
Dieses FS ist *geheim*

SA der NSDAP   Darmstadt, den 11. November 1938

An SA-Gruppe Kurpfalz, Mannheim

Am 10. 11. 1938, 3 Uhr, erreichte mich folgender Befehl:
»Auf Befehl des Gruppenführers sind sofort innerhalb der Brigade 50 sämtliche jüdischen Synagogen zu sprengen oder in Brand zu setzen. Nebenhäuser, die von arischer Bevölkerung bewohnt werden, dürfen nicht beschädigt werden. Die Aktion ist in Zivil auszuführen. Meutereien oder Plünderungen sind zu unterbinden. Vollzugsmeldung bis 8.30 Uhr an Brigadeführer oder Dienststelle.«

Der Führer der Brigade 50 (Starkenburg)

SS-Sturm 10/25   Geldern, den 14. November 1938

Betrifft: Aktion gegen die Juden

Die Aktion innerhalb des Kreises Geldern sowie in Xanten wurde ausschließlich von Angehörigen des SS-Sturmes 10/25 durchgeführt. Die Anordnungen ergingen am 10. 11. 1938 gegen 9.30 Uhr fernmündlich vom SS-Sturmbann III/25.
Die erste Maßnahme war die Inbrandsetzung der Synagoge in Geldern gegen 4 Uhr morgens. Bis 9 Uhr vormittags war diese bis auf die Umfassungsmauern niedergebrannt. Sichergestellt wurden einige Bibeln in hebräischer Schrift. Zur selben Zeit wurde die Inneneinrichtung der Synagoge in Xanten (ein Privathaus) restlos zerstört. An jüdischen Geschäften waren innerhalb des Sturmgebietes zwei vorhanden, deren Einrichtung und kleiner Warenbestand ebenfalls vollkommen zerstört wurden.
Bei den restlichen Juden, ehemalige Viehjuden und jetzige Privatleute, wurde die Wohnungseinrichtung total demoliert und unbrauchbar gemacht, nachdem die Schaufenster und Fensterscheiben vorher eingeschlagen waren ... Bis gegen 11 Uhr wurden sämtliche männlichen Juden von 15 bis 70 Jahren durch die Polizei inhaftiert und in die örtlichen Arrestlokale vorläufig untergebracht ... Die Bevölkerung verhielt sich den Demonstrationen gegenüber passiv ... Da größere Geschäfte nicht vorhanden waren, ist es zu Plünderungen nicht gekommen ...

Der Führer des SS-Sturms 10/25

Grunewaldstadion in Berlin, 1933

Heute erwacht ein neuer Glaube: der Mythus des Blutes, der Glaube, mit dem Blut auch das göttliche Wesen der Menschen überhaupt zu verteidigen. Der mit hellstem Wissen verkörperte Glaube, daß das nordische Blut jenes Mysterium darstellt, welches die alten Sakramente ersetzt und überwunden hat.

Alfred Rosenberg

Meine Maßnahmen werden nicht angekränkelt werden durch irgendwelche juristischen Bedenken und durch irgendwelche Bürokratie. Ich habe keine Gerechtigkeit zu üben, sondern zu vernichten und auszurotten.

Hermann Göring in der Frankfurter Festhalle, am 4. März 1933

Synagoge in Düsseldorf, 1933

München 1933

Jahrelang hatten die Hitlerleute ihren Haß auf die Mauern der jüdischen Friedhöfe und Gotteshäuser
geschrieben. Nun setzten sie ihre Drohungen in die Tat um.   15
Dieses Bild des Rechtsanwalts Dr. Spiegel ging durch die ganze Weltpresse: ein Mensch sucht auf der
Polizei Schutz vor dem SA-Terror. Aber die SA ist selbst zur »Hilfspolizei« ernannt worden.

Berlin, 1. April 1933

Der Boykott vom Sonnabend ist lediglich als eine Generalprobe für eine Reihe von Maßnahmen zu betrachten, die, wenn sich die Meinung der Welt, die im Augenblick gegen uns ist, nicht endgültig ändert, durchgeführt werden.

Völkischer Beobachter, 3. April 1933

*Das war ein Vorspiel nur,
dort, wo man Bücher
verbrennt, verbrennt man
auch am Ende Menschen.*

Heinrich Heine

Berlin, 10. Mai 1933

Berlin, 11. Mai – Die
Berliner Studentenschaft
hat gestern gegen Mitter-
nacht das beabsichtigte
Autodafé an jenen Bü-
chern, die sie in ihrer
Aktion »wider den un-
deutschen Geist« aus den
Leihbibliotheken geholt
hatte, durchgeführt. Die
von ihr aufgestellte
schwarze Liste war sehr
umfangreich. Nicht nur
Karl Marx, Bebel und
Lassalle, Remarque, Renn
und Tucholsky, Theodor
Heuss, Rathenau und
Gumbel, sondern auch
Schnitzler, Werfel und
die Brüder Zweig waren
unter vielen anderen auf
ihr zu finden.

Frankfurter Zeitung

19

Sportpalast in Berlin, 15. August 1935

Hamburg 1935 *(rechts)*

Berlin, 16. August. Gestern sprach der Frankenführer, Gauleiter Julius Streicher, im Berliner Sportpalast zu etwa 16 000 Menschen. Weitere 5000 Berliner waren in den Tennishallen, dem zweitgrößten Hallenbau der Reichshauptstadt, versammelt, wohin die Rede Pg. Streichers durch Lautsprecher übertragen wurde. Seit Tagen waren die Karten zu beiden Versammlungsräumen bereits restlos ausverkauft ... Wen geht es etwas an, erklärte Streicher, wenn wir in unserm Hause eine Reinigung vornehmen? ... Man soll sich nicht darum kümmern, wenn wir in Deutschland Rassenschänder durch die Straßen führen und damit abschreckend wirken wollen ... Die Judenfrage ist nicht schon, wie manche annehmen, mit der nationalsozialistischen Machtübernahme gelöst. *Die schwerste Arbeit beginnt vielmehr erst jetzt.*

Westdeutscher Beobachter

Jch bin am Ort
das gräßte Schwein
und laß mich nur
mit Juden ein!

Synagoge Oranienburger Straße
in Berlin

Göring: Wie viele Synagogen sind tatsächlich niedergebrannt?
Heydrich: Es sind im ganzen 101 Synagogen durch Brand zerstört, 76 Synagogen demoliert, 7500 zerstörte Geschäfte im Reich . . .
Goebbels: Da muß der Jude den Schaden bezahlen . . .
Heydrich: Sachschaden, Inventar- und Warenschaden schätzen wir auf mehrere hundert Millionen . . .
Göring: Mir wäre lieber gewesen, ihr hättet 200 Juden erschlagen und nicht solche Werte vernichtet.
Heydrich: 35 Tote sind es.
Göring: Ich werde den Wortlaut wählen, daß die deutschen Juden in ihrer Gesamtheit als Strafe für die ruchlosen Verbrechen usw. usw. eine Kontribution von einer Milliarde auferlegt bekommen. Das wird hinhauen.

Protokoll der Sitzung im Reichsluftfahrtministerium am 12. November 1938

Jüdisches Geschäft in Berlin, 9. November 1938

Nun folgten die Gesetze Schlag auf Schlag. Juden durften städtische Parkanlagen und öffentliche Plätze nicht mehr betreten. Sie waren vom Besuch der Theater, Kinos, Konzertsäle und Museen ausgeschlossen. Ihre Kinder wurden von den Schulen verwiesen.

Sie verloren den Mieterschutz, sie durften keine Haustiere mehr halten, sie mußten ihr Vermögen anmelden, ihre Radioapparate und sämtlichen Schmuck abliefern. Sie durften nach 20 Uhr nicht mehr auf die Straße. Sie bekamen besonders gekennzeichnete Ausweise.

Deutschland, 1938

Memel, 23. März 1939

Wie in Österreich und der Tschechoslowakei begann auch in Memel unmittelbar nach dem deutschen Einmarsch der Terror gegen die Juden. Tausende flohen nach Litauen.
Dieses Bild der verschüchterten Kinder, die an der Hand ihrer Eltern durch ein Spalier grinsender SA-Leute zum Bahnhof flüchten, erschien wenige Tage später in der englischen Presse.

Reisebüro, Meinekestraße in Berlin, 1939

Nach der »Kristallnacht« steigerte sich die Auswanderung, die seit dem Erlaß der Nürnberger Gesetze immer mehr zugenommen hatte, zu einer Massenflucht.

Hunderttausende flohen ins Ausland, um den Verfolgungen zu entgehen. Viele versuchten, auf gecharterten alten Dampfern nach Palästina zu gelangen. Aber manches Schiff fand keinen Hafen oder zerschellte nach wochenlanger Irrfahrt noch vor der rettenden Küste.

Vor Shanghai

Bevor Hitler seinen Raubkrieg gegen fremde Völker beginnen konnte, mußte er zuerst das deutsche Volk besiegen. Und er besiegte es mit Fahnen und Revolvern, Marschmusik und Konzentrationslagern, mit neuen Arbeitsplätzen, an denen für den Krieg gearbeitet wurde, und mit dem Besitz der jüdischen Nachbarn.

Die Besten der Nation, wahrhafte Patrioten, standen auf gegen das Unrecht. Es waren viele, aber es waren zu wenige. Die Stimme des Gewissens ging unter im Heilgebrüll einer fanatisierten Menge oder wurde gewaltsam zum Schweigen gebracht.

Appell im Konzentrationslager Sachsenhausen

Experimentierfeld Polen

Der Diffamierung der Juden als »Untermenschen« entspricht die Vorstellung von der nordischen »Herrenrasse«, die das natürliche Recht besitzt, die Welt zu beherrschen und andere Völker zu unterjochen. Der Errichtung der Diktatur im eigenen Lande folgt nach planvoller Vorbereitung die Expansion nach außen.

Österreich, die Tschechoslowakei und das Memelgebiet sind nur ein Vorspiel. Der zweite Weltkrieg erweitert das Herrschaftsgebiet Hitlers auf ganz Europa. Ein Land nach dem anderen wird von der deutschen Kriegsmaschine niedergewalzt. Überall inhaftiert die deutsche Besatzungsmacht die demokratischen Politiker, unterdrückt die Bevölkerung, verschleppt Millionen zur Zwangsarbeit nach Deutschland und beutet das Land rücksichtslos für die Kriegswirtschaft aus.

Besonders brutal ist die Behandlung der slawischen Länder, deren Völker die Nazis nächst den Juden als »minderwertige Rasse« ansehen, die dezimiert und auf den Stand von Arbeitssklaven herabgedrückt werden muß, wenn schon der Plan, sie auszurotten, undurchführbar scheint.

Hunderttausende von Menschen aller Nationen, Millionen polnischer, serbischer und sowjetischer Bürger werden im Laufe dieses Krieges von den Nazis getötet. Eine Bevölkerungsgruppe jedoch wird nahezu ausgerottet: die Juden.

Am 1. September 1939 dringt Hitlers Armee in Polen ein. Über zwei Millionen jüdischer Menschen fallen in deutsche Hände. Heydrichs Gehilfen, die in Deutschland die Kristallnacht organisierten, folgen der kämpfenden Truppe auf dem Fuß, um überall Pogrome anzustiften.

Die Eroberer amüsieren sich damit, frommen alten Juden die Bärte abzuschneiden, sie »turnen« zu lassen, sie zu berauben und zu verprügeln. Sie durchsuchen jüdische Geschäfte und Wohnungen »nach Waffen«, zerschlagen die Einrichtung und stecken ein, was ihnen gefällt. Nur im sowjetisch besetzten Teil Polens, jenseits der Demarkationslinie, sind die Juden einstweilen noch geschützt.

Nach dem Terror und den Plünderungen der ersten Wochen beginnt die deutsche Zivilverwaltung den Gesetzeskrieg gegen die jüdische Bevölkerung mit Aufrufen, Verordnungen und Bekanntmachungen.

Kennzeichnung aller Juden vom zehnten Lebensjahr an, Kennzeichnung der Geschäfte, Anmeldung des Vermögens, Einführung des Arbeitszwangs, Aufenthaltsverbot für bestimmte Stadtteile, Parks und öffentliche Plätze, Ausschluß von den Verkehrsmitteln sind nur die ersten in einer ganzen Reihe von Maßnahmen, die alle nur das eine Ziel verfolgen, den Menschen die wirtschaftliche Grundlage ihrer Existenz zu entziehen, sie zu berauben und rechtlos zu machen.

Die auf deutschen Befehl gebildeten Judenräte, von denen sich die Verfolgten anfangs noch Schutz vor Willkür und eine Vertretung ihrer Interessen erhoffen, werden im Laufe der Zeit immer mehr zu Exekutivorganen der Besatzungsmacht erniedrigt und spielen eine zwiespältige, manchmal verhängnisvolle Rolle.

In den Großstädten weist man die Juden zwangsweise in bestimmte, abgezäunte Wohnbezirke ein. So entsteht das Ghetto, Gefängnis für Hunderttausende, aus dem es bald kein Zurück mehr gibt.

Im Oktober 1940 befiehlt der Generalgouverneur Frank die Errichtung von Ghettos im ganzen Land. In den Dörfern und kleinen Ortschaften der Provinz werden die Juden »ausgesiedelt«. Von Haus und Hof vertrieben, oft nur mit Flüchtlingsgepäck versehen, ziehen sie unter Bewachung in langen Fußmärschen in das Ghetto der nächsten Stadt.

Aber bald werden die kleinen Ghettos wieder aufgelöst und ihre Bewohner in den großen Städten konzentriert. Die Wanderung beginnt von neuem.

Heydrich schreibt einen Schnellbrief

An die Chefs aller Einsatzgruppen der Sicherheitspolizei   Berlin, 21. 9. 1939

Betrifft: Judenfrage im besetzten Gebiet.
Ich nehme Bezug auf die heute in Berlin stattgefundene Besprechung und weise noch einmal darauf hin, daß die *geplanten Gesamtmaßnahmen* (also das Endziel) *streng geheim* zu halten sind.

Es ist zu unterscheiden zwischen
1. dem Endziel (welches längere Fristen beansprucht) und
2. den Abschnitten der Erfüllung des Endzieles (welche kurzfristig durchgeführt werden).
Die geplanten Maßnahmen erfordern gründlichste Vorbereitung sowohl in technischer als auch in wirtschaftlicher Hinsicht.

I

Als erste Vorausnahme für das Endziel gilt zunächst die Konzentrierung der Juden vom Lande in die größeren Städte.
Sie ist mit Beschleunigung durchzuführen ...
Es gilt grundsätzlich, daß jüdische Gemeinden mit *unter* 500 Köpfen aufzulösen und der nächstliegenden Konzentrierungsstadt zuzuführen sind.

II

Jüdische Ältestenräte
1. In jeder jüdischen Gemeinde ist ein jüdischer Ältestenrat aufzustellen.
   Er ist im Sinne des Wortes *vollverantwortlich* zu machen für die exakte und termingemäße Durchführung aller ergangenen oder noch ergehenden Weisungen.
2. Im Falle der Sabotage solcher Weisungen sind den Räten die schärfsten Maßnahmen anzukündigen.
3. Die Judenräte haben eine behelfsmäßige Zählung der Juden vorzunehmen und das Ergebnis in kürzester Frist zu melden.
4. Den Ältestenräten sind Termine und Fristen des Abzuges, die Abzugsmöglichkeiten und schließlich die Abzugsstraßen bekanntzugeben. Sie sind sodann persönlich verantwortlich zu machen für den Abzug der Juden vom Lande.
   Als Begründung für die Konzentrierung der Juden in die Städte hat zu gelten, daß sich Juden maßgeblichst an den Franktireurüberfällen und Plünderungsaktionen beteiligt haben.

III

Alle erforderlichen Maßnahmen sind grundsätzlich stets im engsten Benehmen und Zusammenwirken mit den deutschen Zivilverwaltungs- und örtlich zuständigen Militärbehörden zu treffen ...

V

Zur Erreichung der gesteckten Ziele erwarte ich restlosen Einsatz aller Kräfte der Sicherheitspolizei und des Sicherheitsdienstes.
Die benachbarten Chefs der Einsatzgruppen haben miteinander sofort Fühlung aufzunehmen, damit die in Betracht kommenden Gebiete restlos erfaßt werden.

VI

Das OKH, der Beauftragte für den Vierjahresplan (z. Hd. des Herrn Staatssekretärs *Neumann*), das Reichsministerium des Innern (z. Hd. des Herrn Staatssekretärs *Stuckart*), für Ernährung und Wirtschaft (z. Hd. des Herrn Staatssekretärs *Landfried*) sowie die Chefs der Zivilverwaltung des besetzten Gebietes haben Abzug dieses Erlasses erhalten.

Der Distriktschef von Krakau

ANORDNUNG
Kennzeichnung der Juden im Distrikt Krakau

Ich ordne an, dass alle Juden im Alter von über 12 Jahren im Distrikt Krakau mit Wirkung vom 1. 12. 1939 ausserhalb ihrer eigenen Wohnung ein sichtbares Kennzeichen zu tragen haben. Dieser Anordnung unterliegen auch nur vorübergehend im Distriktsbereich anwesende Juden für die Dauer ihres Aufenthaltes.

Als Jude im Sinne dieser Anordnung gilt:

1. wer der mosaischen Glaubensgemeinschaft angehört oder angehört hat,

2. jeder, dessen Vater oder Mutter der mosaischen Glaubensgemeinschaft angehört oder angehört hat.

Als Kennzeichen ist am rechten Oberarm der Kleidung und der Überkleidung eine Armbinde zu tragen, die auf weissem Grunde an der Aussenseite einen blauen Zionstern zeigt. Der weisse Grund muss eine Breite von mindestens 10 cm. haben, der Zionstern muss so gross sein, dass dessen gegenüberliegende Spitzen mindestens 8 cm. entfernt sind. Der Balken muss 1 cm. breit sein.

Juden, die dieser Verpflichtung nicht nachkommen, haben strenge Bestrafung zu gewärtigen.

Für die Ausführung dieser Anordnung, insbesondere die Versorgung der Juden mit Kennzeichen, sind die Ältestenräte verantwortlich.

Krakau, den 18. 11. 1939.

gez. *Wächter*
Gouverneur

Szef dystryktu krakowskiego

ROZPORZĄDZENIE
Znamionowanie żydów w okręgu Krakowa

Zarządzam z ważnością od dnia 1. XII. 1939, iż wszyscy żydzi w wieku ponad 12 lat winni nosić widoczne znamiona. Rozporządzeniu temu podlegają także na czas ich pobytu przejściowo w obrębie okręgu przebywający żydzi.

Żydem w myśl tego rozporządzenia jest:

1) ten, który jest lub był wyznania mojżeszowego,

2) każdy, którego ojciec, lub matka są lub byli wyznania mojżeszowego.

Znamieniem jest biała przepaska noszona na prawym rękawie ubrania lub odzienia wierzchniego z niebieską gwiazdą sjonistyczną. Przepaska winna mieć szerokość conajmniej 10 cm, a gwiazda średnicę 8 cm. Wstążka, z której sporządzono gwiazdę, winna mieć szerokość conajmniej 1 cm.

Niestosujący się do tego zarządzenia zostaną surowo ukarani.

Za wykonanie niniejszego zarządzenia, zwłaszcza za dostarczenie opasek czynię odpowiedzialna Radę starszych.

Kraków, dnia 18. XI. 1939.

(—) *Wächter*
Gubernatur

Ein Kind führt Tagebuch

21. März 1940. Früh am Morgen ging ich durch das Dorf, in dem wir wohnen. Von weitem sah ich an der Mauer des Ladens eine Bekanntmachung; schnell ging ich hin, sie zu lesen. Die neue Bekanntmachung war, daß Juden gar nicht mehr auf Wagen fahren dürfen (mit Zügen war schon lange verboten).

4. April 1940. Heute stand ich früher auf, weil ich nach Kielce gehen wollte. Nach dem Frühstück verließ ich das Haus. Mir war traurig zumute, so allein die Feldwege zu gehen. Nach vierstündiger Reise kam ich in Kielce an. Als ich beim Onkel eintrat, sah ich, daß alle niedergeschlagen dasitzen, und erfuhr, daß man die Juden aus verschiedenen Straßen aussiedelt, und auch mich überkam Trauer.

5. April 1940. Die ganze Nacht konnte ich nicht schlafen, seltsame Gedanken gingen mir durch den Kopf. Nach dem Frühstück ging ich nach Hause.

9. Juni 1940. Heute waren Übungen des deutschen Militärs. Das ganze Militär hatte sich über die Felder verstreut, sie stellten Maschinengewehre auf und schossen aufeinander.

18. Juni 1940. Die Polizei machte bei uns Haussuchung nach irgendwelchen militärischen Sachen. Die Polizisten fragten mich, wo diese Sachen sind, und ich sagte immerzu, es gibt keine und basta. Also fanden sie nichts und gingen wieder.

5. August 1940. Gestern war der Wächter aus der Gemeinde beim Dorfschulzen vorgefahren, daß alle Juden mit ihren Familien zum Registrieren in die Gemeinde gehen sollen. Um 7 Uhr früh waren wir bereits in der Gemeinde. Wir waren dort einige Stunden. Denn die Älteren wählten einen Ältestenrat der Juden. Dann gingen wir nach Hause.

12. August 1940. Den ganzen Krieg über lerne ich allein zu Hause. Wenn ich daran denke, wie ich zur Schule ging, dann könnte ich weinen. Aber heute muß ich dasitzen, darf nirgends 'rausgehen. Und wenn ich bedenke, was für Kriege in der Welt stattfinden, wie viele Menschen täglich durch Kugeln, Gase, Bomben, Epidemien und andere Feinde des Menschen umkommen, dann vergeht mir die Lust zu allem.

1. September 1940. Heute ist der erste Jahrestag des Kriegsausbruchs. Ich überdenke, was wir in dieser kurzen Zeit schon alles erlebten, wieviel Leid wir schon durchgemacht haben ...

10. Juli 1941. Eine sehr schwere Zeit ist angebrochen. Jede Stunde zu überleben ist schwierig. Immer hatten wir einen kleinen Lebensmittelvorrat, wenigstens für einen Monat. Jetzt aber ist es schwierig, für einen Tag Lebensmittel zu kaufen. Es vergeht kein Tag, an dem nicht jemand betteln kommt, jeder, der kommt, will nichts anderes, nur etwas zu essen, was jetzt das schwierigste ist.

8. Januar 1942. Am Nachmittag erfuhr ich, daß es in Bodzentyn unter den Juden wieder zwei Opfer gibt. Der eine war gleich tot, der andere verletzt. Den Verletzten haben sie verhaftet und zur Wache in Bieliny mitgenommen, dort werden sie ihn dann zu Tode schlagen.

11. Januar 1942. Seit dem frühen Morgen herrscht Schneetreiben und starker Frost, er erreicht heute bis 20 Grad Celsius. Als ich so beobachtete, wie der Wind über die Felder fegt, da bemerke ich, daß der Dorfwächter eine Bekanntmachung anklebt. Sofort ging ich nachsehen, was es Neues auf der Bekanntmachung gibt. Auf der Bekanntmachung stand nichts Neues, der Wächter sagte nur, daß er zum Schulzen Bekanntmachungen hinbrachte, daß alle Juden aus allen Dörfern ausgesiedelt werden sollen. Als ich das zu Hause erzählte, waren wir alle sehr niedergeschlagen. Jetzt, in einem so strengen Winter, werden sie uns aussiedeln, wo und wohin? Jetzt sind wir an die Reihe gekommen, schwere Qualen zu ertragen. Der Herrgott weiß, wie lange.

Aufzeichnungen des kleinen Dawid Rubinowicz,
der mit vierzehn Jahren in Treblinka vergast wurde

Hitler vor Warschau

Damit ziehen wir Nationalsozialisten bewußt einen Strich unter die außenpolitische Richtung unserer Vorkriegszeit. Wir setzen dort an, wo man vor sechs Jahrhunderten endete. Wir stoppen den ewigen Germanenzug nach dem Süden und Westen Europas und weisen den Blick nach dem Land im Osten.

Adolf Hitler

33

Wloclawek war die erste Stadt Europas, in der die Kennzeichnung der jüdischen Bevölkerung mit dem mittelalterlichen gelben Fleck angeordnet wurde. Anfangs behalfen sich die Menschen mit großen Stoffdreiecken, die sie auf Brust- und Rückenseite ihrer Kleider nähten. Einen Monat später führte der Generalgouverneur Hans Frank im ganzen Land weiße Armbinden mit blauem Davidstern ein, die bald per Meter gedruckt wurden.

SS-Männer als Friseure *(rechts)*

Wloclawek, Oktober 1939

Man verhöhnte und quälte die Wehrlosen, und zur Erinnerung posierte man für das Fotoalbum. »Funker Griese belehrt Lubliner Juden mit erhobenem Stock«, schrieb ein Soldat unter dieses Bild. Was folgte, war schlimmer: Verhaftungen, Verhöre, Geiselerschießungen.

37

Geiselhinrichtung in Zdunska Wola, Polen

Kowno, 28. Juni 1941 *(links)*

Die Sicherheitspolizei, die in allen besetzten Städten des Ostens Pogrome inszenierte, hielt sich selbst zunächst im Hintergrund. Bei dem Blutbad in Kowno (Litauen) ließ sie Hunderte von Juden durch freigelassene Zuchthäusler mit Eisenrohren totschlagen.
»Umsiedlung« hieß die nächste Phase: Juden wurden aus ihren Wohnungen geworfen, auf die Straße gesetzt und in die Ghettos abgeführt.

41

Auf die Straße gesetzt

Im Stadtgebiet Krakau wird mit sofortiger Wirkung ein in sich geschlossener jüdischer Wohnbezirk gebildet, in dem die in der Stadt wohnenden Juden Wohnung zu nehmen haben. Außerhalb des jüdischen Wohnbezirkes ist allen Juden das Wohnen ausnahmslos verboten.

Der Chef des Distrikts Krakau, Dr. Wächter

Auf Grund der Verordnung über Aufenthaltsbeschränkungen im Generalgouvernement vom 13. Sept. 1940 (V. BL. G. G. I. S. 288) wird in der Stadt Warschau ein jüdischer Wohnbezirk gebildet, in dem die in der Stadt Warschau wohnenden oder noch dort zuziehenden Juden Wohnung zu nehmen haben.

Der Chef des Distrikts Warschau, Dr. Fischer

Abgeführt

Aussiedlung in Mielec

Am 11. März 1942 abgeht ein Transport mit 2000 Juden von Mielec mit Zielstation Parczew und Miedzyrzec. Auf beiden Zielstationen werden 1000 Juden ausgeladen. Ankunft in Parczew am 12. März 5.53 Uhr, Aufenthalt dortselbst bis 8.22 Uhr. Ankunft in Miedzyrzec am 12. März 12 Uhr mittags. Der nächste Transport abgeht voraussichtlich Freitag, Fahrplan wird rechtzeitig bekanntgegeben.

Major Ragger, Krakau, an den Gouverneur des Distrikts Lublin am 10. März 1942

Am Sonntag, dem 15. März 1942, abgeht ein Transport mit 2000 Juden von Mielec nach Zielstation Hrubieszow und Susiec. Derselbe teilt sich in Zamosc. Ankunft des Teiltransportes Zielstation Hrubieszow mit 1500 Juden Montag, den 16. März 1942 um 13.05 Uhr. Ankunft des Teiltransportes Zielstation Susiec mit 500 Juden Montag, den 16. März 1942 um 13.12 Uhr. Hiermit ist die Aktion Judenaussiedlung aus Mielec beendet.

Major Ragger, Krakau, an den Gouverneur des Distrikts Lublin am 13. März 1942

»Umsiedlung« war ein sich ständig wiederholender Prozeß. Als das letzte Ghetto errichtet war, wurden die ersten schon wieder aufgelöst und in der nächsten, größeren Kreisstadt zusammengelegt, bis schließlich die letzte Reise begann. Während die Ghettos der Großstädte noch eine Zeitlang weiterbestanden, wurden in der Provinz bereits ganze Judengemeinden in die Todeslager abtransportiert.

Lodz

Die Juden der zahllosen kleinen Städtchen wurden zusammengeführt, das flache Land von einzeln dort wohnenden jüdischen Familien gesäubert. Es war ein eisiger Winterabend des zu Ende gehenden ersten Kriegsjahres, als eine endlose Kolonne, jüdische Bewohner eines Landstädtchens, nach dem etwa dreißig Kilometer östlich gelegenen berühmten Brzeziny getrieben wurden. Die in der Kolonne mitfahrenden Bauernwagen führten neben den Alten, Kindern und Kranken das armselige Gepäck der Umgesiedelten mit. Stumm zog das Volk durch die bitterkalte Nacht – ein Bild des Leidens und des Duldens. Stumm zogen auch in Lodsch selbst eine Woche lang, nur mit Handgepäck beladen, die Juden aus allen Ecken in das Kernghetto, das der Viertelmillion zum Wohnsitz angewiesen worden war. Es war wiederum ein böser Winterabend, als Spezialabteilungen die jüdischen Häuser nach Zurückgebliebenen durchkämmten. Wer sein Heim nicht sofort räumte, wurde niedergeknallt. Es waren viele: davon zeugten die Schüsse, die in ununterbrochener Folge, wie im Gefecht, hörbar waren. Niemand durfte in jenen ersten Kriegsmonaten seine Behausung zur Nachtstunde verlassen. So erfuhr man erst am andern Morgen, welch ein Kampf nachts getobt hatte.

Pfarrer Schedler, Würzburg (früher Lodz)

47

Swietokrzyska-Straße in Warschau

Die große Mauer entstand mit jüdischem Geld. Der Judenrat hatte die Material- und Baukosten an eine deutsche Baufirma zu zahlen. Sie besaß die Konzession zum Bau der Ghettomauer, welche in zwei Stein Breite ausgeführt wurde. In den Mörtelputz ließ man spitze Glasscherben ein, die das Hinaufklettern verhindern sollten.

Bericht von I. Turkow

In den Ghettos

Ghettos sind Durchgangsstationen auf dem Wege in den Tod, für viele sind sie die letzte Station. Zunächst gehen die Menschen noch an ihren gewohnten Arbeitsplatz im »arischen« Teil der Stadt und kehren abends ins Ghetto zurück. Eines Tages ist das Ghetto mit Stacheldraht abgesperrt, und die Tore sind mit bewaffneten Posten besetzt.

Die Abschnürung von der Außenwelt bringt die wirtschaftliche Katastrophe. Die kleinen Betriebe innerhalb der Umzäunung können nur Wenigen Arbeit verschaffen. Hunderttausende sitzen in einem riesigen Käfig gefangen, dem sicheren Hungertod preisgegeben, den Hitler über sie verhängt hat. Und immer neue Menschenmassen werden in die schon überfüllten Ghettos gepfercht.

Beschlagnahmen, Schikanen, Prügel, Plünderungen, wilde Schießereien und öffentliche Hinrichtungen hören auch hier nie auf. Doch eine Plage ist so fürchterlich, daß alle anderen daneben verblassen: der Hunger. Hunger heißt das Klagelied der Bettler, die mit ihren obdachlosen Angehörigen auf der Straße sitzen, Hunger ist der Schrei der Mütter, denen die Neugeborenen dahinsterben. Menschen schlagen sich bis aufs Blut wegen einer rohen Kartoffel, Kinder riskieren ihr Leben für eine Handvoll geschmuggelter Rüben, auf die schon eine ganze Familie wartet.

Ein Kilogramm Brot, 250 Gramm Zucker, 100 Gramm Marmelade und 50 Gramm Fett beträgt zum Schluß in Warschau die Monatsration. Oft werden verdorbene Nahrungsmittel geliefert, die von der Wehrmacht zurückgewiesen worden sind. Mit Fleiß und Einfallsreichtum versucht man die Not zu lindern. In primitiven Werkstätten werden durch mühselige Handarbeit Tauschwerte für den »arischen« Stadtteil produziert. Aus einem Stück Holz entstehen nützliche Küchengeräte, aus alten Bettlaken stellt man buntbedruckte Kopftücher her. Ganze Wagenladungen von Lebensmitteln werden mit Hilfe der Wachposten, die von den Hungrigen enorme Bestechungsgelder erpressen, ins Ghetto hineingeschmuggelt. Trotzdem steigen die Sterblichkeitsziffern ununterbrochen. In den Elendsquartieren bricht das Fleckfieber aus. Immer öfter kommen die Leichenkarren. Aber die Anordnung der deutschen Behörden, daß Tote nicht länger als fünfzehn Minuten auf der Straße liegen dürfen, kann nicht eingehalten werden. Die an Erschöpfung Sterbenden legen sich auf den Rinnstein, und die noch Lebenden gehen vorüber, ohne sich umzudrehen. Armut, Hunger und Verzweiflung fressen sich weiter, bis schließlich nichts mehr übrigbleibt.

Wer hier nicht den Tod findet, den erwartet ein noch schlimmeres Ende. Im Juli 1942 beginnt in allen Ghettos der Abtransport in die Vernichtungslager. Der Ausrottung durch Hunger folgt die Ausrottung durch Gas. Die Judenräte werden gezwungen, die Deportationslisten zusammenzustellen. Allein aus Warschau werden in einem Vierteljahr 400 000 Menschen nach Belzec und Treblinka deportiert. Massenunterkünfte, Hospitäler und Kinderheime werden als erste geräumt. Dann kommt die Reihe an alle, die nicht in kriegswichtigen Betrieben arbeiten. Anfangs melden sich manche Obdachlosen freiwillig, um das halbe Brot und die Büchse Marmelade zu erhalten, die jedem für die Reise versprochen werden. So groß ist das Unglück, daß sie selbst das Konzentrationslager nicht mehr fürchten, von dem sie sich wenigstens eine Pritsche für die Nacht und einen Napf Essen erhoffen.

Später, als die ersten Gerüchte über die Gaskammern in das Ghetto dringen, muß brutalste Gewalt angewandt werden, um die verängstigten Menschen in die Waggons zu treiben. Tagelang gleicht die Stadt einem Dschungel, in dem eine wilde Hetzjagd auf Menschen gemacht wird. Die Straßen hallen wider vom Fluchen der Polizisten und den Schreien der Opfer. Unter blutigen Hieben werden die mit Händen und Füßen sich Sträubenden zum »Umschlagplatz« geschleppt. Zu Hunderten in die Viehwaggons gepreßt, sterben viele schon auf der Fahrt. Als der Andrang in Treblinka zu groß wird, läßt man die plombierten Züge tagelang auf offenem Gleis stehen, bis alle Insassen erstickt sind.

Im Sommer 1943 werden die Ghettos, mit Ausnahme von »Litzmannstadt« (Lodz), endgültig aufgelöst. Nur einige jüdische Häftlingskompanien in Zwangsarbeitslagern bleiben übrig, aber auch sie treten früher oder später den Weg in die Erschießungsgruben und Gaskammern an.

»Bildung eines Ghettos« — Lodz

In der Großstadt Lodz leben m. E. heute ca. 320 000 Juden. Ihre sofortige Evakuierung ist nicht möglich. Eingehende Untersuchungen aller in Frage kommenden Dienststellen haben ergeben, daß eine Zusammenfassung sämtlicher Juden in einem geschlossenen Ghetto möglich ist ...
Nach Erledigung dieser Vorarbeiten und nach Bereitstellung der genügenden Bewachungskräfte soll an einem von mir zu bestimmenden Tag schlagartig die Errichtung des Ghettos erfolgen, das heißt, zu einer bestimmten Stunde wird die festgelegte Umgrenzungslinie des Ghettos durch die hierfür vorgesehenen Bewachungsmannschaften besetzt und die Straßen durch spanische Reiter und sonstige Absperrungsvorrichtungen geschlossen. Gleichzeitig wird mit der Zumauerung bzw. anderweitigen Sperrung der Häuserfronten durch jüdische Arbeitskräfte, die aus dem Ghetto zu nehmen sind, begonnen. Im Ghetto selbst wird sofort eine jüdische Selbstverwaltung eingesetzt ...

Rundschreiben des Regierungspräsidenten von Kalisch, Uebelhör

»Das äußere Bild des jüdischen Wohnbezirkes« — Warschau

Der jüdische Wohnbezirk ist etwa 403 ha groß. Auf diesem Gebiet wohnen nach Angaben des Judenrates, der eine Volkszählung vorgenommen haben will, etwa 410 000 Juden, nach unseren Beobachtungen und Schätzungen, die von verschiedenen Seiten vorgenommen wurden, etwa 470-590 000 Juden.
Unter Zugrundelegung der statistischen Angaben des Judenrates und bei Inabzugbringung der Grundflächen und Friedhöfe wohnen 1108 auf einem ha bebauter Fläche, d. h. also 110 800 Personen auf dem Qkm. Die Bevölkerungsdichte der Stadt Warschau beträgt 14 400 Personen auf dem Qkm der Gesamtgrundfläche und 38 000 auf dem Qkm bebauter und bewohnbarer Fläche.
Bemerkt sei, daß die Zahl eine Vermehrung durch eine erneut erforderlich gewordene Umsiedlungsaktion von 72 000 Juden aus dem westlichen Teil des Distrikts erfährt. Es muß Platz für 62 000 evakuierte Polen geschaffen werden.
Im jüdischen Wohnbezirk sind etwa 27 000 Wohnungen mit einem Zimmerdurchschnitt von 2^1/$_2$ Zimmern. Die Belegung errechnet sich demnach auf 15,1 Person pro Wohnung und 6 bis 7 Personen pro Zimmer.
Der jüdische Wohnbezirk ist von dem übrigen Stadtgebiet unter Ausnützung von Brand- und Trennmauern und durch Vermauerung von Straßenzügen, Fenster-, Tür- und Baulücken abgetrennt. Die Mauern haben eine Höhe von 3 Metern und werden durch einen Stacheldrahtaufsatz um einen weiteren m. erhöht. Motorisierte und berittene Polizeistreifen sichern außerdem die Überwachung.

Vortrag von Waldemar Schön, Umsiedlungsamtsleiter beim Distriktgouverneur Warschau

Die geschilderte Erhöhung der Lebensmittelzufuhr konnte das Anwachsen der Sterbefälle, beruhend auf der allgemeinen, seit Kriegsbeginn bestehenden Verelendung der Juden, nicht verhindern. Folgende Zahlen ergeben ein eindrucksvolles Bild der Todesfälle:

Januar 41	898	Mai 41	3821
Februar 41	1023	Juni 41	4290
März 41	1608	Juli 41	5550
April 41	2061	August 41	5560

Ein zweiter Grund für dieses Ansteigen der Sterblichkeitsziffer ist die Entwicklung des Fleckfiebers im jüdischen Wohnbezirk. Trotz energischer Anstrengungen zur Bekämpfung des Fleckfiebers ist die Kurve ständig angestiegen. Etwa seit Juli dieses Jahres bewegen sich die Wochenmeldungen der Fleckfieberfälle auf ziemlich gleichbleibender Höhe. Sie schwanken zwischen 320 und 450 Neuerkrankungen. Die letzte Monatszahl (August) liegt mit 1788 Personen nur unwesentlich über der Zahl des Vormonats mit 1736 Erkrankungen.

Bericht von Heinz Auerswald, Kommissar des jüdischen Wohnbezirks in Warschau

Die Stadt des Todes

Die Straßen sind so übervölkert, daß man nur schwer vorwärts gelangt. Alle sind zerlumpt, in Fetzen. Oft besitzt man nicht einmal mehr ein Hemd. Überall ist Lärm und Geschrei. Dünne, jämmerliche Kinderstimmen übertönen den Krach. »Ich verkaufe Beigel (Hörnchen), Zigaretten, Bonbons!«
Diese Kinderstimmen wird wohl niemand je vergessen können.
Auf den Bürgersteigen stapeln Kot und Abfälle sich zu Haufen und Hügeln. Oft entreißt ein Kind dem Vorübergehenden das Paket und macht sich davonlaufend schon heißhungrig über den eßbaren Inhalt her. Natürlich verfolgt die Menge das Kind. Auch wenn man es erwischt und schlägt, läßt sich das junge Wesen nicht von seinem Mahl abhalten.
Ich sehe ungeheuer viele Männer, Frauen und Kinder, die vom Ordnungsdienst gejagt werden. Als ich hinzutrete und frage, um was es sich handelt, erfahre ich, daß es Flüchtlinge sind, die ihre letzte Habe – Bündel, Kissen oder nur einen Strohsack – mitschleppen. Man warf sie innerhalb von fünf Minuten aus ihren Wohnungen heraus und erlaubte nicht, etwas mitzunehmen. Sie stammen aus den Kleinstädten der Umgebung. Alte, Krüppel, Kranke und Gebrechliche wurden an Ort und Stelle selbst liquidiert. Wer nicht Schritt hält und zurückbleibt, wird auf dem Marsch erledigt. Bleibt ein Sohn bei seinem getöteten Vater stehen, wird er gleich ebenfalls umgebracht. Der tragische Gesichtsausdruck dieser Flüchtlinge variiert zwischen Todesangst und Resignation ...
Oft liegt etwas mit Zeitungen Zugedecktes auf dem Bürgersteig. Schrecklich ausgezehrte Gliedmaßen oder krankhaft angeschwollene Beine schauen meistens darunter hervor. Es sind die Kadaver der am Flecktyphus Verstorbenen, die von den Mitbewohnern einfach hinausgetragen werden, um die Bestattungskosten zu sparen. Oder es handelt sich um Obdachlose, die auf der Straße umfielen.
Vor jeder Maueröffnung steht eine Wache. Zu ihr gehören ein paar Deutsche, die verächtlich auf die Menge schauen, polnische Polizei und jüdischer Ordnungsdienst, der gebackpfeift wird, wenn er die ihm erteilten Befehle nicht bestens ausführt.
Innerhalb des Ghettos halten sich stets unzählige Kinder auf. Auf der »arischen« Seite glotzen Neugierige auf das sich ihnen bietende jämmerliche Schauspiel der zerfetzten Horden. Diese Kinderhorden im Ghetto sind die eigentlichen Ernährer desselben. Sieht der Deutsche nur eine Sekunde fort, so laufen sie behende auf die »arische« Seite hinüber. Das dort gekaufte Brot, die Kartoffeln und sonstiges wird unter Lumpen versteckt, und dann gilt es, auf die gleiche Art zurückzuschlupfen ...
Nicht alle deutschen Wachposten sind Mörder und Henker, aber leider greifen viele schnell zur Waffe und feuern auf die Kinder. Tagtäglich – es ist kaum zu fassen – bringt man angeschossene Kinder ins Krankenhaus.
Alle Juden müssen Armbinden mit dem Davidstern tragen, nur die Kinder sind ausgenommen. Dadurch wird ihnen der Lebensmittelschmuggel erleichtert. Oft werfen die Kinder von der auf der »arischen« Straßenseite am Ghetto vorüberfahrenden Straßenbahn in dem Augenblick Päckchen ab und ins Ghetto hinein, wenn die Bahn das Ghettotor passiert, und springen dann hinterdrein.
Auch die Mauern werden von Kindern erklettert, aber dies muß sehr schnell geschehen, damit sich nicht etwa der Wachposten gerade umschaut. Er schießt sofort, wenn er es entdeckt ...
Tausende von zerlumpten Bettlern erinnern an das hungernde Indien. Grauenhafte Schauspiele erlebt man täglich. Eine halbverhungerte Mutter versucht, ihr Kind an vertrockneten Brüsten zu nähren. Neben ihr liegt vielleicht noch ein totes, älteres Kind. Man sieht Sterbende mit ausgebreiteten Armen und fortgestreckten Beinen mitten auf dem Damm liegen. Die Beine sind gedunsen, oft erfroren, und die Gesichter schmerzverzerrt. Wie ich höre, amputiert man den Bettlerkindern täglich erfrorene Finger und Zehen, Hände und Füße ...
Einmal fragte ich ein kleines Mädchen: »Was möchtest du sein?« Sie antwortet: »Ein Hund, denn die Posten mögen Hunde gern.«
Die Juden, die in »arischen« Vierteln arbeiten, bekommen Passierscheine, um an ihre Arbeitsplätze zu gelangen. Die Wache muß mit dem Hut in der Hand im Laufschritt passiert werden. Es kommt vor, daß die Posten eine Gruppe anhalten und befehlen, daß alle sich auskleiden und im Kot wälzen. Auch Kniebeugen lassen sie gern machen. Manchmal muß man sogar tanzen. Die Posten stehen dann dabei und wollen sich totlachen.

Ludwik Hirszfeld

Betrifft: Hunger

Betrifft: Ernährungslage des Ghettos
Die Auskunft, daß die Ghettobevölkerung besser ernährt wird, als vertretbar, muß als abwegig und irrig bezeichnet werden. Im Jahre 1940 wurde Verpflegung in Höhe von Gefängnissätzen für rund 200 000 Juden gegeben. Die Ernährung liegt seit über einem Jahr unter den an sich zugebilligten Sätzen für Strafgefangene. Niemand kann die Behauptung aufstellen, daß die Ghettobewohner von den ihnen zugewiesenen Lebensmitteln auf die Dauer arbeitseinsatzfähig bleiben, und zwar deshalb sinkt der Gesundheitszustand der Juden täglich weiter ab, weil die auf dem Papier stehenden Kontingente in der Praxis einfach nicht einzuhalten sind, da die Marktlage dies nicht zuläßt. Ferner ist alles, was an Lebensmitteln in das Ghetto hineinkommt, in der Regel von minderwertiger Qualität (v. p. 6). Notleidende Parteien (Gemüse, Fett, Mehlprodukte usw.) werden stets in das Ghetto abgestoßen, jedoch in voller Höhe auf die Kontingente angerechnet. Den klarsten Beweis für die Ernährungslage legen die rapide ansteigenden Sterbeziffern ab.

Amtsleiter Biebow, Ghettoverwaltung, an die Gestapo Litzmannstadt, am 4. 3. 1942

Betrifft: Ernährung der Juden
Wie Ihnen der Unterzeichnete bereits mündlich erklärte, ist die Ernährung der Juden in der jetzigen Form nicht mehr zu verantworten, weil andernfalls ein Absinken der Leistung zum Schaden der Wehrmacht eintreten würde. In den Werkstätten und Fabriken, in denen wegen Mangel an Fachkräften zwölfstündige Arbeitszeit eingeführt worden ist (Tag- und Nachtschichten), brechen bereits die Arbeiter, insbesondere die, die eine stehende Tätigkeit ausüben, an ihren Werkplätzen zusammen.
Bei der letzten Evakuierung im September 1942 sind alle Kranken und gebrechlichen Juden ausgesiedelt worden. Trotzdem beträgt die Sterblichkeit seit diesem Zeitpunkt bis zum 31. 3. 43 4658.

Amtsleiter Biebow, Ghettoverwaltung, an den Oberbürgermeister von Litzmannstadt, am 19. 4. 1943

Sonderbefehl für den Schußwaffengebrauch *bei der Bewachung des Ghettos Litzmannstadt*

Gem. Ziffer 9 der Sonderanweisung des Herrn Polizeipräsidenten für den Verkehr mit dem Ghetto (Verfg. S 1a vom 10. 5. 40) ist bei jedem Versuch eines jüdischen Ghettoeinwohners, auf irgendeine Weise das Ghetto unerlaubt zu verlassen, sofort von der Schußwaffe Gebrauch zu machen. Mit Zustimmung des Herrn Polizeipräsidenten ordne ich hierzu ergänzend folgendes an:

1. Die Verletzung Unbeteiligter ist beim Gebrauch der Schußwaffe in belebten Straßen leicht möglich, muß aber vermieden werden.
2. Jede Person, die sich von außen lediglich in verdächtiger Weise dem Ghettozaun nähert, ist mit »Halt!« anzurufen. Erst wenn die angerufene Person auf den »Halt«-Ruf nicht stehenbleibt oder versucht zu fliehen, wird geschossen.
3. Jeder Jude, der versucht, den Ghettozaun zu durchkriechen oder zu überklettern oder das Ghetto auf sonstige Weise unberechtigt verlassen will, wird ohne Anruf erschossen.
4. Jeder Jude, der irgendwelche Schmugglerwaren oder Geld über den Zaun wirft oder über den Zaun geworfene Gegenstände in Empfang nimmt, wird, wenn er *unmittelbar* dabei getroffen wird, ohne Anruf erschossen.
5. Jeder Jude, der sich nach der Sperrstunde (21.00 Uhr) *unmittelbar* am Zaun zu schaffen macht, wird ohne Anruf erschossen ...
6. Jede Person, die *unmittelbar* dabei angetroffen wird, Ware, Geld o. ä. von außen in das Ghetto hineinzuschmuggeln oder entgegenzunehmen, wird ohne Anruf erschossen.
7. Jede Person, die *unmittelbar* dabei angetroffen wird, den Ghettozaun von außen zu durchkriechen oder zu überklettern, wird ohne Anruf erschossen ...

Sonderbefehl des Kommandos der Schutzpolizei im Ghetto Litzmannstadt vom 11. April 1941

Betrifft: Raub

Der Reichsführer-SS hat befohlen, daß die bei Juden gefundenen und beschlagnahmten und die bei den noch vorhandenen Juden, vor allen Dingen in den Ghettos des Generalgouvernements sofort zu beschlagnahmenden Pelzmäntel, Pelze und Felle, gleich welcher Art, zu sammeln sind. Die Zahl ist mir laufend durch FS zu melden, erstmalig am 29.12.1941 bis 18 Uhr. Der Reichsführer hat befohlen, daß sein Befehl beschleunigt (unterstrichen) durchzuführen ist ... Den Judenräten ist anzudrohen, daß sowohl sie als auch die Juden, die nach Ablauf einer zu setzenden Frist noch im Besitze eines Pelzes oder Felles angetroffen werden, erschossen werden. Der Befehlshaber der Ordnungspolizei ist verständigt.

Der Befehlshaber der SIPO und des SD, Schoengarth, an die
Befehlshaber der SS und Polizei der Distrikte am 24. Dezember 1941

Betrifft: Judenaktion in Piaski
Als Anlage überreiche ich zwei Aufstellungen über Waren, die aus dem Ghetto in Piaski sichergestellt worden sind. Während die von den hessischen Juden zurückgenommenen Sachen z. T. neuwertig sind, handelt es sich bei den übrigen Spinnstoffwaren um ältere und schmutzige Ware für die Zerreißmaschine. Die Wäschestücke der hessischen Juden sind in Koffern verpackt. Ferner wurden bis heute ein Betrag von zl. 8300 (z. T. in Reichsmark), Goldrubel 85.–, sowie 5 Eheringe sichergestellt.
Da die Lagerplätze anderweitig dringend benötigt werden, bitte ich um baldige Abholung.

Die Sicherheitspolizei Transferstelle Piaski an den Kommandeur der SIPO in Lublin am 11. April 1942

Betrifft: Judenarbeitslager - Pabianice
Die überreichliche Anfuhr von Textilien, Schuhen usw. aus dem Aussiedlungslager Warthbrücken und den geräumten Ghettos macht die Hinzunahme weiterer Lagerplätze erforderlich.
Von der Geheimen Staatspolizei sind mir für diesen Zweck die polnischen Kirchen in Alexanderhof und Erzhausen zur Verfügung gestellt worden ...

Die Ghettoverwaltung an den Polizeipräsidenten von Litzmannstadt am 8. Juni 1942

Betrifft: Abgabe von Spinnstoffwaren an die NSV durch die Ghettoverwaltung
Ein großer Teil der Bekleidungsstücke ist stark befleckt und teilweise auch mit Schmutz und Blutflecken durchsetzt ... Da die Kollis von der Kreisamtsleitung Litzmannstadt-Land ungeöffnet an verschiedene Kreisamtsleitungen im Gaugebiet weitergesandt wurden, hat es sich erst später bei Öffnen der Kollis herausgestellt, daß z. B. bei einer Sendung an die Kreisamtsleitung Posen-Stadt von 200 Röcken an 51 Röcken die Judensterne noch nicht entfernt waren! Da in den Kreislagern zum größten Teil polnische Lagerarbeiter verwendet werden müssen, besteht die Gefahr, daß die zur Betreuung im Winterhilfswerk vorgesehenen Rückwanderer von der Herkunft der Sachen Kenntnis erhalten und das WHW somit in Mißkredit kommt ...

Der Gaubeauftragte für das WHW, Posen, an die Ghettoverwaltung Litzmannstadt am 9. Januar 1943

Betrifft: Veräußerungen von Gebrauchwaren durch die Ghettoverwaltung
Es ist ein Verzeichnis aller aus den Aussiedlungsaktionen angefallenen und noch vorhandenen Waren und Gebrauchwaren (Pelze, Wäsche, Schmuck und Haushaltungsgegenstände usw.) aufzustellen und mir vorzulegen. Der Begriff der Gebrauchwaren ist hierbei im weitesten Sinne auszulegen. Das Verzeichnis ist bei Neuanfall laufend zu ergänzen.

Der Oberbürgermeister von Litzmannstadt an die Ghettoverwaltung am 20. September 1943

»Aussiedlung«

In der Nacht vom 13. zum 14. Juli 1942 wurden in Rowno alle Insassen des Ghettos, in dem sich noch ungefähr 5000 Juden befanden, liquidiert ...

Kurz nach 22 Uhr wurde das Ghetto durch ein großes SS-Aufgebot und einer etwa 3-fachen Anzahl ukrainischer Miliz umstellt und daraufhin die im und um das Ghetto errichteten elektrischen Bogenlampen eingeschaltet. SS- und Miliztrupps von je 4–6 Personen drangen nun in die Häuser ein oder versuchten einzudringen. Wo die Türen und Fenster verschlossen waren und die Hauseinwohner auf Rufen und Klopfen nicht öffneten, schlugen die SS- und Milizleute die Fenster ein, brachen die Türen mit Balken und Brecheisen auf und drangen in die Wohnungen ein. Wie die Bewohner gingen und standen, ob sie bekleidet waren oder zu Bett lagen, so wurden sie auf die Straße getrieben. Da sich die Juden in den meisten Fällen weigerten und wehrten, aus den Wohnungen zu gehen, legten die SS- und Milizleute Gewalt an. Mit Peitschenschlägen, Fußtritten und Kolbenschlägen erreichten sie schließlich, daß die Wohnungen geräumt wurden. Das Austreiben aus den Häusern ging in einer derartigen Hast vor sich, daß die kleinen Kinder, die im Bett lagen, in einigen Fällen zurückgelassen wurden. Auf der Straße jammerten und schrien die Frauen nach ihren Kindern, Kinder nach ihren Eltern. Das hinderte die SS nicht, die Menschen nun im Laufschritt unter Schlägen über die Straßen zu jagen, bis sie zu dem bereitstehenden Güterzug gelangten. Waggon auf Waggon füllte sich, unaufhörlich ertönte das Geschrei der Frauen und Kinder, das Klatschen der Peitschen und die Gewehrschüsse. Da sich einzelne Familien oder Gruppen in besonders guten Häusern verbarrikadiert hatten und auch die Türen mittels Brecheisen und Balken nicht aufzubringen waren, sprengte man diese mit Handgranaten auf. Da das Ghetto dicht am Bahnkörper von Rowno lag, versuchten junge Leute über die Schienenstränge und durch einen kleinen Fluß aus dem Bereich des Ghettos zu entkommen. Da dieses Gelände außerhalb der elektrischen Beleuchtung lag, erhellte man dieses durch Leuchtraketen. Während der ganzen Nacht zogen über die erleuchteten Straßen die geprügelten, gejagten und verwundeten Menschen. Frauen trugen in ihren Armen tote Kinder, Kinder schleppten und schleiften an Armen und Beinen ihre toten Eltern über die Straßen zum Zuge. Immer wieder hallten durch das Ghettoviertel die Rufe »Aufmachen! Aufmachen!«

Friedrich Gräbe

Von der Straße vor dem Tore kam das gewohnte Gepolter der Mörder mit lautem Rufen und Stampfen eisenbeschlagener Stiefel. Scheinwerfer bestrahlten den Hof. Ich rannte in den offenen Torweg und dann eine Treppe hinauf. Unter mir streifte ein Scheinwerfer den Torweg, dann die Treppe und hielt dort an. Ich klomm höher. Genagelte Stiefel waren schon auf der Treppe zu hören.

Ich gelangte auf den Boden des Hauses und tastete mich im Dunkeln weiter. Das Kopfende eines zerbrochenen Bettes lehnte gegen die Wand. Ich kroch dahinter und stieß auf einen menschlichen Körper. Er war warm und zitterte heftig. Wer immer es war, er war lebendig und genauso voll Furcht wie ich selber. Der Raum war nicht groß genug für zwei, aber es war zu spät, umzukehren und woanders Platz zu suchen. Selbst wenn ich gewollt hätte, es wäre nicht gegangen; denn der andere umklammerte mich in krampfhafter Angst. Es war eine Frau. Sie atmete schwer und bemühte sich, ihr Keuchen zu dämpfen. Wir preßten uns gegen die Wand. Sie schmiegte sich dicht an mich und grub ihr Kinn in meine Schulter. Ihr Herz schlug wild. Sie sagte kein Wort. Ich hörte nur ihren schweren, halberstickten Atem.

Mehrmals kamen Polizisten auf den Speicher und ließen ihre Taschenlampen umherleuchten. Geduckt, zitternd erwarteten wir jeden Moment, daß ein Lichtstrahl auf uns fallen würde. Jedesmal wenn wir die schlurfenden Schritte auf der Treppe vernahmen, festigte die Frau ihren Griff um mich. Ihr Herz schlug noch heftiger, und wir beide zitterten krampfhaft. Furcht durchrieselte mich bei dem Gedanken, daß sie jeden Augenblick einen Herzschlag bekommen und mit ihren Armen fest um mich geschlungen sterben könnte.

Und wieder kamen die verdammten Stiefel näher. »Hier ist niemand. Wir waren schon hier«, rief ihnen einer zu. Die Schritte verhallten. Grabesstille umfing uns. Für den Augenblick wenigstens waren wir gerettet ...

Bernard Goldstein

Bekanntmachung Nr. 428.

Betr.: Verkleinerung des Gettos.

Zusätzlich zu den bisher gesperrten Wohngebieten der Juden lt. Bekanntmachung Nr. 427 v. 17. August 1944 sind mit sofortiger Wirkung

bis spätestens 24. August 1944, 7 Uhr früh

nachstehend bezeichnete Gebiete restlos zu r ä u m e n.

Die in diesen Gebieten wohnenden Personen haben ihre Wohnungen bis zum genannten Termin zu verlassen und dürfen die geräumten Gebiete

NICHT MEHR BETRETEN.

Wer dieser Aufforderung nicht Folge leistet und am Donnerstag, .24. August 1944, **nach 7 Uhr früh** in diesen Gebieten sowie in den bereits geräumten noch angetroffen wird, wird

mit dem Tode bestraft.

Es handelt sich

um das Gebiet begrenzt: im Westen längs der Siegfriedstrasse von Nr. 7 — Nr. 85 also von der Ecke Sulzfelderstrasse—Siegfriedstrasse bis Ecke Siegfriedstrasse—Robertstrasse.

begrenzt: im Norden längs der Robertstrasse ungerade Nummern also von der Ecke Siegfriedstrasse—Robertstrasse bis zur Ecke Robertstrasse—Maxstrasse. (Polenjugendverwahrlager).

begrenzt: im Osten längs der Maxstrasse also von der Ecke Robertstrasse — Maxstrasse bis zur Ecke Maxstrasse—Ewaldstrasse (längs des Westzaunes des Polenjugendverwahrlagers). Von dieser Ecke weiter nach Osten längs der Ewaldstrasse bis zum Gettozaun.

begrenzt: im Osten längs der Gewerbestrasse also längs des Gettozaunes.

begrenzt: im Süden durch die Winfriedstrasse also längs des Gettozaunes.

begrenzt: im Osten durch die Konradstrasse also längs des Gettozaunes bis zur Sulzfelderstr.

und im Süden längs der Sulzfelderstrasse also von der Ecke Siegfriedstrasse—Sulzfelderstrasse bis zur Ecke Sulzfelderstrasse — Konradstrasse (also Sulzfelderstrasse von Nr. 70—100 — Schluss der Sulzfelderstrasse).

Zur besonderen Beachtung :

Die in diesen Gebieten in geschlossenen Betrieben kasernierten Arbeiter können an ihrem Arbeitsplatz verbleiben und dürfen in Ausübung ihrer Dienstpflichten die Gebiete betreten.

Dasselbe gilt für das Krankenhaus.

GEHEIME STAATSPOLIZEI.

Litzmannstadt,
d. 22. 8. 1944.

Ein Brief

Am 10. Tag der „Aktion" in Warschau fuhr die Mutter nach Treblinka. Und es kam so:
Früh am Morgen – es war Freitag – kam die Mutter in die Nalewkistraße, wo ich mit Cywia und Iccak hause. Sie brachte uns Essen und hatte Sehnsucht nach uns. Als sie dann allein nach Hause ging, ängstigte ich mich um sie, denn um 7 Uhr begann immer die Menschenjagd. Bis zum Tor begleitete ich sie, machte dann ein paar Besorgungen in der Stadt und kehrte wieder heim. Ich war noch nicht mit dem Frühstück fertig, da kam ein Kamerad aus dem „Kibutz" Arnim auch schon angerannt und schrie: „Mordechaj, man hat die Mutter erwischt!"
Ich lief sofort in die Lesznostraße, aber der Autobus war schon fort. Deshalb lief ich zum „Umschlagplatz" weiter und versprach dort den Polizisten Geld, wenn sie die Mutter suchten. Man hat sie jedoch nicht gefunden. Wahrscheinlich meldete sie sich aus Angst nicht. Erst als sie schon im Autobus saß, hat sie gerufen: „Geht und sagt auf der Dzielnastraße 34 Bescheid!"
Nun, man überbrachte die Nachricht, aber was nützte das! Ich muß ehrlich gestehen, ich habe nicht alles versucht, sie herauszuholen. Eines Tages hätte es sie doch erwischt. Morgen, in einer Woche – in einem Monat. Selbstverständlich hatte sie alle möglichen Arbeitsbescheinigungen und Ausweise. Aber all das hatte keinen Zweck. Sie mußte eines Tages geschnappt werden. Jeder von uns muß – muß – eines Tages dran glauben. So oder so! Das kann nicht anders sein. Jeden Tag schleppte man tausende von Müttern, Vätern und Kindern fort. Warum sollte unsere Mutter eine Ausnahme sein ...

Letzte Nachricht von M. Tennenbaum, an seine Schwester in Palästina, Juli 1943

Ein Aufruf

Hinter der Mauer, die das Warschauer Ghetto von der Außenwelt abtrennt, erwarten mehrere hunderttausend Verdammte den Tod. Es gibt für sie keine Hoffnung auf Rettung, von nirgendwoher kommt Hilfe. Die Henker gehen durch die Straßen und schießen auf jeden, der es wagt, sein Haus zu verlassen. Ebenso schießen sie auf jeden, der am Fenster erscheint. Unbeerdigte Leichen liegen überall in den Straßen.
Die vorgeschriebene tägliche Zahl der Opfer beträgt acht- bis zehntausend. Die jüdischen Polizisten sind verpflichtet, sie den deutschen Henkern auszuliefern. Wenn sie das Soll nicht erfüllen, kommen sie selbst an die Reihe. Kinder, die nicht kräftig genug sind zu gehen, werden auf Karren verladen. Das Aufladen wird so brutal durchgeführt, daß nur wenige lebend an der Rampe ankommen ...
Eisenbahnwaggons warten an der Rampe. Die Henker stoßen bis zu 150 der verdammten Menschen in jeden hinein. Eine dicke Schicht aus Kalk und Chlor, mit Wasser übergossen, bedeckt den Boden der Waggons. Die Waggontüren sind versiegelt. Manchmal fährt der Zug gleich nach der Verladung ab, manchmal bleibt er noch tagelang auf irgendeinem Gleis stehen. Das ist für niemand mehr von Bedeutung. Von diesen Menschen, so eng zusammengepreßt, daß die Toten nicht umfallen können und Schulter an Schulter mit den Lebenden weiter stehen bleiben, von diesen Menschen, die langsam an den Kalk- und Chlordünsten sterben, ohne Luft, ohne einen Tropfen Wasser, ohne Nahrung, wird keiner am Leben gelassen ...
Angesichts dieser Qualen könnte nur ein schneller Tod Erlösung bringen. Die Mörder haben auch hier vorgesorgt. Alle Apotheken im Ghetto sind geschlossen worden, damit kein Gift verkauft werden kann.
Was jetzt im Warschauer Ghetto geschieht, spielte sich in den vergangenen sechs Monaten in hunderten von kleineren und größeren polnischen Städten ab. Die Gesamtziffer der gemordeten Juden übersteigt schon jetzt eine Million und die Zahl wächst mit jedem Tag. Alle gehen zugrunde. Reiche und Arme, alte Leute und Frauen, Männer, Jugendliche und Kinder ... Alle, deren Schuld es ist, im jüdischen Volk geboren zu sein, sind von Hitler zur Vernichtung verurteilt.
Wir wollen nicht wie Pilatus sein. Wir können uns nicht aktiv den deutschen Mördern widersetzen; wir können nichts tun, wir können niemanden retten. Aber vom Grunde unseres von Mitleid, Haß und Entsetzen erfüllten Herzens protestieren wir. Diesen Protest fordert Gott von uns, der Gott, der das Töten verbot. Das christliche Gewissen fordert ihn. Jede Kreatur, die sich Mensch nennt, hat das Recht auf die Liebe seines Nächsten. Das Blut der Hilflosen schreit zum Himmel nach Rache. Wer diesen Protest nicht unterstützt, ist kein Katholik ...

Illegales Flugblatt der »Front für die Erneuerung Polens«

Lodz

Die Erstellung des Ghettos ist selbstverständlich nur eine Übergangsmaßnahme. Zu welchen Zeitpunkten und mit welchen Mitteln das Ghetto und damit die Stadt Lodsch von Juden gesäubert wird, behalte ich mir vor. Endziel muß jedenfalls sein, daß wir diese Pestbeule restlos ausbrennen.

gez. Uebelhör

Für den unbedingt notwendigen Passantenverkehr werden Passierausweise ausgestellt, für Reichs-, Volksdeutsche und Polen gelbe Karten, für Juden gelbe Karten mit blauem Querstrich. Die Passierausweise gelten nur in Verbindung mit einem Lichtbildpersonalausweis.

Umsiedlungsamtsleiter Waldemar Schön

Warschau

Das Pferd als Zugvieh verschwand fast ganz von den Ghettostraßen. Die meisten Pferde waren von den Deutschen beschlagnahmt worden, und die anderen wurden gegessen. Der Fuhrunternehmer hatte sowieso kein Futter mehr für sein Pferd, mit dem er einst seinen Lebensunterhalt verdient hatte. Hafer wurde gebraucht, um Suppe für menschliche Nahrung zu bereiten; niemand hätte daran gedacht, solch eine Delikatesse einem Pferd zu geben. So spannte sich der Fuhrunternehmer selber ins Geschirr und wurde Zugvieh. Man sah alle Arten von Karren, die von Menschen gezogen wurden. Das chinesische Wort »Rikscha« bürgerte sich in der jiddischen Sprache im Ghetto ein. Es gab Rikschas für den Personenverkehr und für den Gütertransport. Manche wurden wie ein Fahrrad in Bewegung gesetzt. Es gab ungefähr eintausend Rikschas im Ghetto, die hauptsächlich von früheren Fuhrleuten, Chauffeuren oder Studenten betrieben wurden, jedoch nur von solchen, deren körperlicher Zustand es zuließ, die Rolle des ausgestorbenen Pferdes zu übernehmen.

Bericht von Bernard Goldstein

58

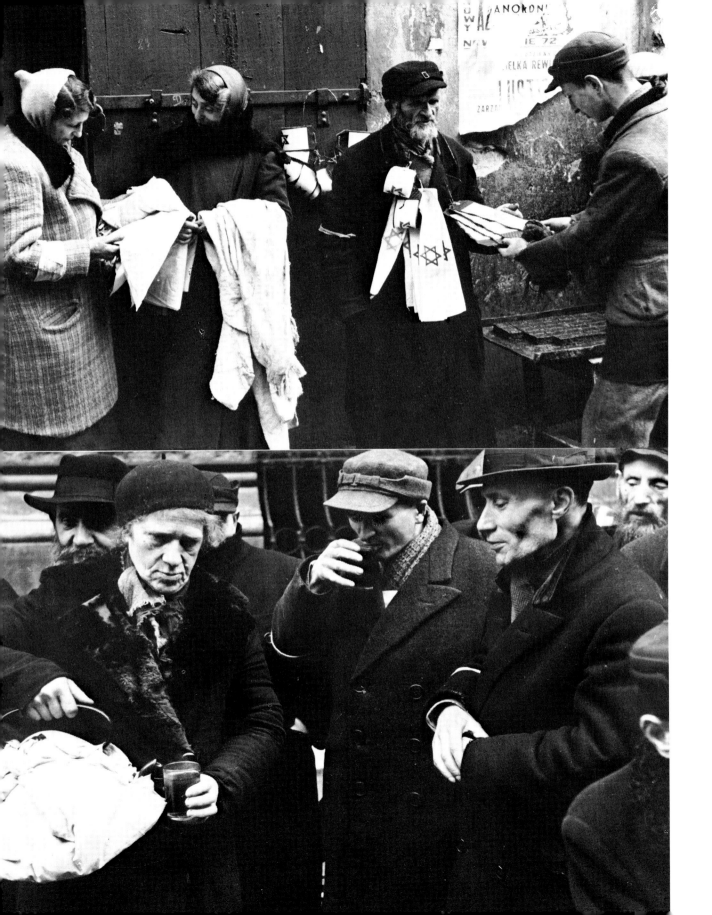

Gemäß unserer Abmachung habe ich 6 Päckchen Haferflocken à 0,25 kg, 25 Päckchen Teegebäck à 10 Stück und zwei Büchsen mit Marmelade – 20 kg dem Judenältesten geliefert.
Die Lebensmittel sind durch die lange Lagerung und durch Mäusefraß für die Verwertung durch die Bewirtschaftungsstellen unbrauchbar geworden.
Ich bitte den Kaufpreis an das Gericht zu Aktz. 34 es 109/42 einzuzahlen.

Kriminalpolizei an Ghettoverwaltung Litzmannstadt

Betteln um ein Stück Brot

Als ich einmal an den Mauern entlang ging, geriet ich in eine »Schmuggelaktion« von Kindern. Offenbar war die eigentliche »Aktion« bereits beendet. Nur etwas blieb noch zu tun. Der kleine jüdische Junge jenseits der Mauer mußte durch sein Loch wieder ins Ghetto schlüpfen und die letzte Beute mitbringen. Der kleine Körper war bereits halb sichtbar, als er zu schreien begann. Gleichzeitig tönte von der »arischen« Seite lautes deutsches Schimpfen herüber. Ich eilte dem Kind zu Hilfe und wollte es schnell durch das Loch ziehen. Die Hüften des Jungen klemmten jedoch unglücklicherweise im Spalt fest. Mit beiden Händen und allen Kräften versuchte ich dennoch, ihn hindurch zu zerren. Er fuhr fort, entsetzlich zu schreien. Jenseits der Mauer hörte man die Polizisten kräftige Hiebe austeilen. Als es mir endlich gelang, den Jungen aus dem Loch zu ziehen, lag er bereits im Sterben. Sein Rückgrat war zerquetscht.

Bericht von W. Szpilman

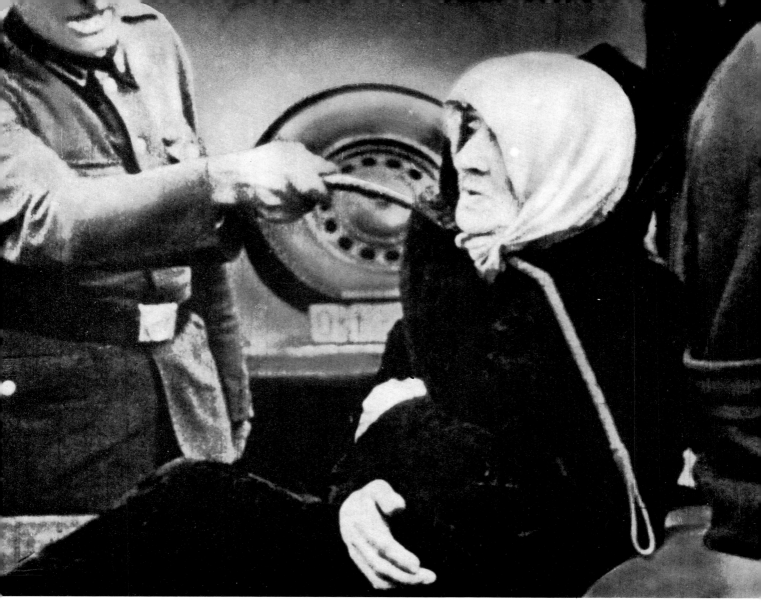

Quälereien und Prügel in den Ghettos von Lemberg, Minsk *(links)* **und Warschau**

Es wird den ausländischen Hetzjournalisten, die so oft über angebliche barbarische Judenverfolgungen im deutschen Osten faseln, dringend empfohlen, sich an Ort und Stelle zu überzeugen, mit welcher Großzügigkeit die deutsche Verwaltung den Juden ihr Eigenleben läßt.

Dr. Max Freiherr du Prel

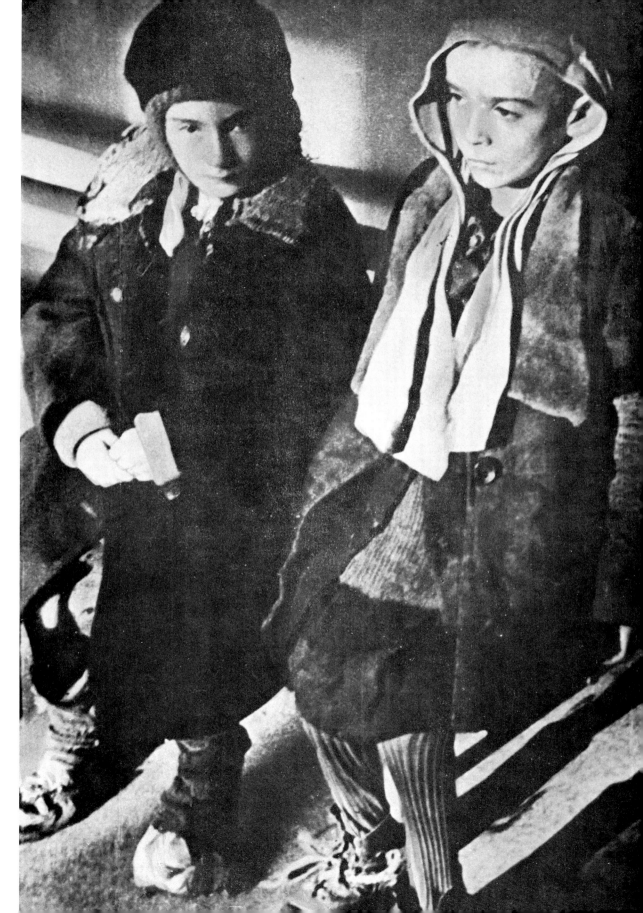

Die Jüdische Soziale Selbsthilfe versuchte, die Not zu lindern, so gut sie konnte, und verteilte an die Ärmsten der Armen täglich einmal eine heiße Suppe. Für 100 000 Menschen war dies die einzige Mahlzeit. Aber das Heer der Hungernden wuchs weiter, und immer dünner wurde die Suppe, bis sie schließlich nur noch aus Heu und heißem Wasser bestand.

Unter diesen Lebensverhältnissen waren zwölf Stunden Zwangsarbeit noch eine Vergünstigung. Die Arbeiterkolonnen, die jeden Morgen in den »arischen« Stadtteil marschierten, bekamen wenigstens zu essen. Aber immer weniger Menschen hatten die Kraft, schwere körperliche Anstrengungen auszuhalten. Früher oder später brachen auch sie vor Erschöpfung zusammen, wie die arbeitslosen Alten und die hungrigen Kinder, deren Leichen täglich von den Straßen aufgesammelt und auf großen Karren zum Friedhof gefahren wurden.

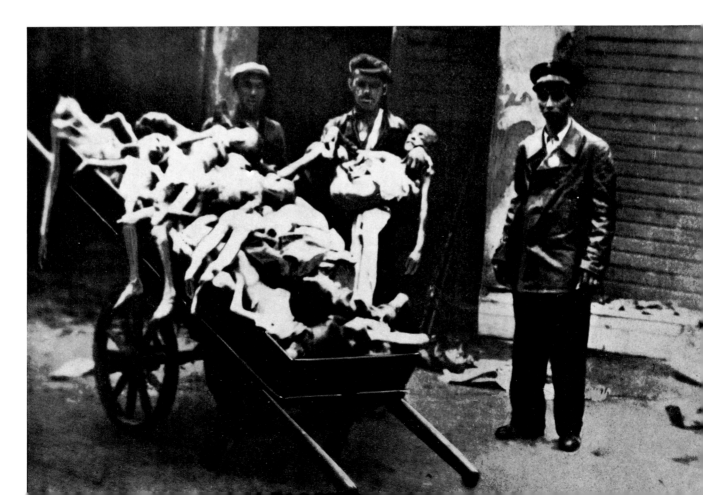

Aber was soll mit den Juden geschehen? Glauben Sie, man wird sie im Ostland in Siedlungshöfen unterbringen? Man hat uns in Berlin gesagt: Weshalb macht man die Scherereien. Wir können im Ostland oder im Reichskommissariat auch nichts mit ihnen anfangen. Liquidiert sie selbst. Meine Herren, ich muß Sie bitten, sich gegen alle Mitleidserwägungen zu wappnen ... Man kann bisherige Anschauungen nicht auf solche gigantischen, einmaligen Ereignisse übertragen. Jedenfalls müssen wir aber einen Weg finden, der zum Ziele führt... Diese 3,5 Millionen Juden können wir nicht erschießen. Wir können sie nicht vergiften, werden aber doch Eingriffe vornehmen können, die irgendwie zu einem Vernichtungserfolg führen.

Generalgouverneur Hans Frank

Im Ghettolager Theresienstadt bei Prag, der Durchgangsstation vieler deutscher Juden auf dem Weg in die Gaskammern von Auschwitz, gab es noch Pappurnen für die Asche der Toten. In Warschau, wo im Sommer 1941 monatlich 5000 Menschen dahinstarben, wurden die Leichen der Verhungerten zu Hunderten in Massengräber geworfen.

Nach den Berechnungen einer jüdischen Ärztekommission im Warschauer Ghetto hätte der ursprüngliche Plan, die Menschen durch Hunger zu töten, fünf Jahre in Anspruch genommen. Im Sommer 1942, als die Technik des Massenmordes in den Gaskammern genügend entwickelt war, begannen die großen Deportationen in die Vernichtungslager.

Brot als Köder

Betrifft: Schußwaffengebrauch
Am 1. Dezember 1941 in der Zeit von 14 bis 16 Uhr befand ich mich auf Posten 4 in der Holsteiner Straße. Um 15 Uhr sah ich, wie eine Jüdin auf den Zaun des Ghettos kletterte, den Kopf durch den Ghettozaun steckte und den Versuch machte, von einem vorüberfahrenden Wagen Rüben zu stehlen. Ich machte von meiner Schußwaffe Gebrauch. Die Jüdin wurde durch zwei Schüsse tödlich getroffen. Art der Schußwaffe: Karabiner 98. Verschossene Munition: zwei Patronen.

Wachtmeister Naumann, Litzmannstadt, 1. Dezember 1941

Gemäß Anordnung der Behörden vom 22. Juli 1942 werden alle Personen, welche nicht in Anstalten und Unternehmen tätig sind, unbedingt ausgesiedelt.
Die Zwangsaussiedlung wird ununterbrochen weitergeführt.
Ich fordere erneut die der Aussiedlung unterliegende Bevölkerung auf, sich freiwillig auf dem Umschlagplatz zu melden, und verlängere auf weitere 3 Tage, d.h. den 2., 3. und 4. August 1942 *die Ausgabe von 3 kg Brot und 1 kg Marmelade an jede sich freiwillig meldende Person.*
Freiwillig zur Abreise erscheinende Familien werden nicht getrennt.

Aufruf der Leitung des Jüdischen Ordnungsdienstes im Warschauer Ghetto vom 1. August 1942

Vor der Deportation

Die Deutschen drängten die Juden von einer Ecke in die andere, verteilten Peitschenhiebe und gaben Gewehrschüsse ab. Die Leute traten aufeinander. Viele sagten laut den Anfang des Sterbegebets auf.

Ich verlor Mama. Die Menge riß unsere Hände auseinander. Ich biß und teilte Fußtritte aus, ich verteidigte mich, weil man mich stieß, aber niemand achtete darauf. Jeder sah den Tod vor seinen Augen. Ich fiel auf die Erde, wurde getreten und dachte, daß dies auch für mich den Tod bedeutete. Jemand nahm mich in die Arme und schrie: »Rettet das Kind!«

Rebekka Kleiner, 8 Jahre alt

74

Der »Jüdische Ordnungsdienst« im Einsatz

1. Vom 5. 9. 1942 an erfolgt im Kreis Sanok eine Judenaussiedlung.
2. Jeder, der in irgendeiner Form die Aussiedlung gefährdet oder erschwert oder bei einer solchen Handlung Mithilfe ausübt, wird erschossen.
3. Jeder, der während und nach der Aussiedlung einen Juden aufnimmt oder versteckt, wird erschossen.
4. Jeder, der unerlaubt die Wohnung eines ausgesiedelten Juden betritt, wird als Plünderer erschossen.
5. Während der Umsiedlung ist das Herumstehen auf den Straßen verboten, die Fenster sind geschlossen zu halten.

Bekanntmachung des SS- und Polizeiführers im Distrikt Krakau vom 4. September 1942

Für den 7. 9. 1942 war der Beginn der Aussiedlung alter, schwacher, siecher Personen über 65 Jahren, kranker, siecher Personen ohne Unterschied des Alters sowie der Kinder unter 10 Jahren vorgesehen. Schlagartig wurden unter Mitwirkung des Ordnungsdienstes durch Aussiedlungsbehörden (Geheime Staatspolizei) ganze Häuserblocks abgeriegelt. Die Aussiedlung währte bis zum 12. 9. 1942 einschließlich. Von ihr betroffen wurden etwa 18000 Personen, Erwachsene und Kinder.

Ghettokommissariat Litzmannstadt an den Inspekteur der SIPO und des SD am 24. September 1942

Lodz

Warschau *(links)*

Mit Hstuf. Höfle vereinbarte ich für Montag, den 16. 3. 42, eine Unterredung, und zwar um 17.30 Uhr.
Im Laufe der Unterredung wurde folgendes von Hstuf. Höfle erklärt:
1. Es wäre zweckmäßig, die in den Distrikt Lublin kommenden Judentransporte schon auf der Abgangsstation in arbeitseinsatzfähige und nicht arbeitseinsatzfähige Juden zu teilen. Wenn diese Auseinander-
   haltung auf der Abgangsstation nicht möglich ist, müßte man evtl. dazu übergehen, den Transport in
   Lublin nach den obengenannten Gesichtspunkten zu trennen.
2. Nicht einsatzfähige Juden kommen nach Belzec, der äußersten Grenzstation im Kreise Zamosz...
   Abschließend erklärte er, er könne täglich 4 bis 5 Transporte zu 1000 Juden mit der Zielstation Belzec(!)
   aufnehmen.

Unterschrift unleserlich

Abtransport der Kranken in Lodz

»Umschlagplatz« in Warschau *(rechts)*

Seit dem 22. 7. fährt täglich ein Zug mit je 5000 Juden von Warschau über Malkinia nach Treblinka, außerdem zweimal wöchentlich ein Zug mit 5000 Juden von Przemysl nach Belzec. Gedob steht in ständiger Fühlung mit dem Sicherheitsdienst in Krakau. Dieser ist damit einverstanden, daß die Transporte von Warschau über Lublin nach Sobibor (bei Lublin) so lange ruhen, wie die Umarbeiten auf dieser Strecke diese Transporte unmöglich machen (ungefähr Oktober 1942).

Unterstaatssekretär Theodor Ganzenmüller, Reichsverkehrsministerium, am 28. Juli 1942

Mit besonderer Freude habe ich von Ihrer Mitteilung Kenntnis genommen, daß nun schon seit 14 Tagen täglich ein Zug mit je 5000 Angehörigen des auserwählten Volkes nach Treblinka fährt... Ich habe von mir aus mit den beteiligten Stellen Fühlung aufgenommen, so daß eine reibungslose Durchführung der gesamten Maßnahmen gewährleistet erscheint.

Antwort von Himmlers Feldadjutant, SS-Obergruppenführer Karl Wolff, am 13. August 1942

Bekanntmachung!

Durch Verordnung des Generalgouverneurs für die besetzten polnischen Gebiete vom 26. I. 1940 ist die Benutzung der Eisenbahn durch Juden im Generalgouvernement bis auf weiteres verboten. Fahrkarten können daher an Juden nicht mehr ausgegeben werden.

Generaldirektion der Ostbahn

Die letzte Fahrt

Aus dem Generalgouvernement werden jetzt, bei Lublin beginnend, die Juden nach dem Osten abgeschoben. Es wird hier ein ziemlich barbarisches und nicht näher zu beschreibendes Verfahren angewandt, und von den Juden selbst bleibt nicht mehr viel übrig. Im großen kann man wohl feststellen, daß 60 Prozent davon liquidiert werden müssen, während nur 40 Prozent bei der Arbeit eingesetzt werden können. Der ehemalige Gauleiter von Wien (Globocnik), der diese Aktion durchführt, tut das mit ziemlicher Umsicht und auch mit einem Verfahren, das nicht allzu auffällig wirkt. . . Die in den Städten des Generalgouvernements frei werdenden Ghettos werden jetzt mit den aus dem Reich abgeschobenen Juden gefüllt, und hier soll sich dann nach einer gewissen Zeit der Prozeß erneuern.

80

Josef Goebbels, Tagebucheintragung am 27. März 1942

Massenerschießungen

Am 22. Juni 1941 überfällt Hitler die Sowjetunion. Er ist der Herr Europas, und seine Macht scheint ohne Grenzen. Dies ist das letzte Land, in das seine Armeen einmarschieren, aber das erste, in dem das Ausrottungsprogramm sofort durchgeführt wird. Hier, wo er sich keinerlei diplomatische Rücksichten auferlegen muß, beginnt die Sicherheitspolizei, schon ein Jahr bevor die großen Transporte aus Westeuropa in die polnischen Vernichtungslager fahren, mit einer barbarischen Massenabschlachtung der jüdischen Bevölkerung.

Die Einwohnerschaft konnte nicht immer rechtzeitig evakuiert werden. Viele Juden blieben auch aus eigenem Entschluß, entgegen dem Rat der sowjetischen Behörden. Die älteren unter ihnen erinnerten sich noch der Deutschen des ersten Weltkrieges und waren ohne Furcht: sie wußten nicht, was aus Deutschland inzwischen geworden war.

In jeder russischen Stadt, die deutsche Soldaten erobern, veranstalten die Einsatzgruppen schon in den ersten Tagen blutige Massaker. An einigen Orten, wo die Wehrmacht noch für eine gewisse Zeit bestimmte Arbeitskräfte braucht, kommt es zu einer vorübergehenden Ghettobildung. Meist jedoch werden die Menschen einfach vor die Stadt gefahren, an eine Böschung oder einen Panzergraben, und an Ort und Stelle niedergemacht.

Nur ein Arbeitseinsatz, eine Umsiedlung, sagten ihnen die Deutschen, damit sie widerspruchslos die Lastautos bestiegen, die sie zur Hinrichtungsstätte brachten. In die Falle geführt, mit Peitschenhieben von den Wagen getrieben, umzingelt von Gewehren und Stahlhelmen, vor sich die offenen Gruben mit den Leichen der Nachbarn, die eine halbe Stunde vor ihnen abgefahren waren, sahen die meisten keinen Ausweg. Stumm vor Entsetzen und von Todesangst gelähmt, wünschten sie nur, diesem Schrecken möglichst schnell ein Ende zu machen, ohne noch vorher mißhandelt zu werden. Wie hätten sie sich auch wehren können, nackt und angesichts der schwerbewaffneten Mörder?

Und wer wollte seine alten Eltern, seine Frau, seine Kinder, die nicht fliehen konnten, in dieser Todesstunde allein lassen? Junge Menschen, die keine Angehörigen mehr hatten, versuchten manchmal mit dem Mut der Verzweiflung noch im letzten Augenblick die Flucht. Ganz wenige entkamen. Doch fast eine Million blieb in den Gruben.

Je weiter die Wehrmacht nach Osten vorstieß, desto größer wurde das Tätigkeitsfeld der Exekutionskommandos. Vier Einsatzgruppen durchkämmten die besetzten Gebiete der Sowjetunion vom Baltikum bis zum Kaukasus. Wie überall, bediente man sich auch hier der schlimmsten Elemente der einheimischen Bevölkerung und formierte Hilfstruppen aus litauischen und ukrainischen Freiwilligen. Da die Erschießungen offiziell als Partisanenbekämpfung ausgegeben wurden, beteiligten sich teilweise auch Feldpolizei und Wehrmacht an diesen Aktionen.

Oft wurden straffällig gewordene Soldaten gezwungen, zur Bewährung einer Einsatzgruppe beizutreten. Manche erlitten einen Nervenzusammenbruch oder nahmen sich das Leben. Andere wieder meldeten sich freiwillig, weil die Aussicht auf dreifachen Sold, vierteljährlichen Urlaub, Sonderzuteilung von Schnaps und die Gelegenheit zum Plündern sie anlockte.

Wie alle Mörder versuchten auch die Nazis, die Spuren ihrer Verbrechen zu verwischen. Nach der Stalingrader Schlacht wurde das sogenannte »Kommando 1005« eingesetzt, eine Brigade jüdischer Häftlinge, deren grausige Aufgabe es war, die ungeheuren Massengräber wieder zu öffnen und die halbverwesten Leichen zu beseitigen.

Einer, der entfloh, hat beschrieben, wie sie die riesigen Scheiterhaufen aus Menschenleibern aufschichten und verbrennen, die Knochenreste zertrümmern, die Erde sieben, Rasen ansäen und die Asche in alle Winde zerstreuen mußten. Aber die Zahl der Massengräber war zu groß, und der sowjetische Vormarsch ging zu schnell. So fand man in den befreiten Gebieten noch überall riesige Schädelstätten.

1944, anderthalb Jahre nach Beginn der großen Gegenoffensive, stießen russische Soldaten in Odessa zum ersten Mal auf überlebende Juden.

Drei Berichte

Die jüdische Bevölkerung ist im unmittelbaren Anschluß an die Kampfhandlungen zunächst unbehelligt geblieben. Erst Wochen, z. T. Monate später wurde eine planmäßige Erschießung der Juden durch dazu eigens abgestellte Formationen der Ordnungspolizei durchgeführt. Diese Aktion ging im wesentlichen von Osten nach Westen. Sie erfolgte durchaus öffentlich unter Hinzuziehung ukrainischer Miliz, vielfach leider auch unter freiwilliger Beteiligung von Wehrmachtsangehörigen. Die Art der Durchführung der Aktionen, die sich auf Männer und Greise, Frauen und Kinder, jedes Alter erstreckte, war grauenhaft. Die Aktion ist in der Massenhaftigkeit der Hinrichtungen so gigantisch, wie bisher keine in der Sowjetunion vorgenommene gleichartige Maßnahme. Insgesamt dürften bisher etwa 150000 bis 200000 Juden in dem zum RK gehörenden Teil der Ukraine exekutiert sein ...

Bericht eines Rüstungsinspekteurs in der Ukraine, am 2. Dezember 1941

Die systematische Säuberungsarbeit im Ostland umfaßte gemäß den grundsätzlichen Befehlen die möglichst restlose Beseitigung des Judentums. Dieses Ziel ist mit Ausnahme von Weißruthenien im wesentlichen durch die Exekutionen von bislang 229052 Juden (siehe Anlage) erreicht. Der in den baltischen Provinzen verbleibende Rest wird dringend zur Arbeit benötigt und ist in Ghettos untergebracht ...
Die endgültige und grundlegende Beseitigung der nach dem Einmarsch der Deutschen im weißruthenischen Raum verbliebenen Juden stößt auf gewisse Schwierigkeiten. Das Judentum bildet gerade hier einen außerordentlich hohen Prozentsatz der Facharbeiter, die mangels anderweitiger Reserven im dortigen Gebiet unentbehrlich sind. Ferner hat die Einsatzgruppe A das Gebiet erst nach Eintritt des starken Frostes übernommen, die Massenexekutionen stark erschwerten. Eine weitere Schwierigkeit besteht darin, daß die Juden über das ganze Land weit verstreut wohnen. Bei den großen Entfernungen, den schwierigen Wegeverhältnissen, dem Mangel an Kraftfahrzeugen und Benzin und den geringen Kräften der Sicherheitspolizei und des SD sind die Erschießungen auf dem Lande nur unter Anspannung aller Kräfte möglich. Trotzdem wurden bisher 41000 Juden erschossen ... In Minsk selbst leben zur Zeit – ohne Reichsdeutsche – rund 18000 Juden, deren Erschießung mit Rücksicht auf den Arbeitseinsatz zurückgestellt werden mußte.
Der Kommandant in Weißruthenien ist trotz der schwierigen Lage angewiesen, die Judenfrage baldmöglichst zu liquidieren. Ein Zeitraum von etwa zwei Monaten wird jedoch – je nach Witterung – noch notwendig sein.

Geheimbericht der Einsatzgruppe A

In eingehenden Besprechungen mit dem SS-Brigadeführer Zenner und dem hervorragend tüchtigen Leiter des SD, SS-Obersturmbannführer Dr. jur. Strauch, haben wir in Weißruthenien in den letzten zehn Wochen rund 55000 Juden liquidiert. Im Gebiet Minsk-Land ist das Judentum völlig ausgemerzt, ohne daß der Arbeitseinsatz dadurch gefährdet worden ist. In dem überwiegend polnischen Gebiet Lida sind 16000 Juden, in Slonim 8000 Juden usw. liquidiert worden ...
Das rückwärtige Heeresgebiet hat, ohne Fühlung mit mir zu nehmen, 10000 Juden liquidiert, deren systematische Ausmerzung von uns sowieso vorgesehen war. In Minsk-Stadt sind am 28. und 29. Juli rund 10000 Juden liquidiert worden, davon 6500 russische Juden – überwiegend Alte, Frauen und Kinder – der Rest bestand aus nichteinsatzfähigen Juden, die überwiegend aus Wien, Brünn, Bremen und Berlin im November des v. J. nach Minsk auf den Befehl des Führers geschickt worden sind.
Auch das Gebiet Sluzk ist um mehrere Tausend Juden erleichtert worden. Das gleiche gilt für Nowogrodek und Wilejka. Radikale Maßnahmen stehen noch für Baranowitschi und Hanzewitschi bevor. In Baranowitschi leben allein in der Stadt noch rund 10000 Juden, von denen 9000 Juden im nächsten Monat liquidiert werden ...
Zu dieser eindeutigen Einstellung dem Judentum gegenüber kommt noch die schwere Aufgabe für den SD in Weißruthenien, immer wieder neue Judentransporte aus dem Reich ihrer Bestimmung zuzuführen.

Bericht des Generalkommissars für Weißruthenien, Wilhelm Kube, vom 31. Juli 1942

Ich habe es gesehen   *Die Erschießung der Juden in Dubno*

Als ich am 5. Oktober 1942 das Baubüro in Dubno besuchte, erzählte mir mein Polier Hubert Moennikes aus Hamburg-Harburg, Außenmühlenweg 21, daß in der Nähe der Baustelle in drei großen Gruben von je etwa 30 Meter Länge und 3 Meter Tiefe Juden aus Dubno erschossen worden seien. Man hätte täglich etwa 1500 Menschen getötet. Alle vor der Aktion in Dubno noch vorhandenen etwa 5000 Juden sollten liquidiert werden. Da die Erschießungen in seiner Gegenwart stattgefunden hatten, war er noch sehr erregt ...

Moennikes und ich gingen direkt zu den Gruben. Wir wurden nicht behindert. Jetzt hörte ich kurz nacheinander Gewehrschüsse hinter einem Erdhügel. Die von den Lastwagen abgestiegenen Menschen, Männer, Frauen und Kinder jeden Alters, mußten sich auf Aufforderung eines SS-Mannes, der in der Hand eine Reit- oder Hundepeitsche hielt, ausziehen und ihre Kleidung nach Schuhen, Ober- und Unterkleidern getrennt an bestimmte Stellen ablegen. Ich sah einen Schuhhaufen von schätzungsweise 800 bis 1000 Paar Schuhen, große Stapel mit Wäsche und Kleidern. Ohne Geschrei oder Weinen zogen sich diese Menschen aus, standen in Familiengruppen beisammen, küßten und verabschiedeten sich und warteten auf den Wink eines anderen SS-Mannes, der an der Grube stand und ebenfalls eine Peitsche in der Hand hielt. Ich habe während einer Viertelstunde, als ich bei den Gruben stand, keine Klagen oder Bitten um Schonung gehört. Ich beobachtete eine Familie von etwa 8 Personen, einen Mann und eine Frau, beide ungefähr von 50 Jahren, mit deren Kindern, so ungefähr 1-, 8- und 10-jährig, sowie zwei erwachsene Töchter von 20 bis 24 Jahren. Eine alte Frau mit schneeweißem Haar hielt das einjährige Kind auf dem Arm und sang ihm etwas vor und kitzelte es. Das Kind quietschte vor Vergnügen. Das Ehepaar schaute mit Tränen in den Augen zu. Der Vater hielt an der Hand einen Jungen von etwa 10 Jahren, sprach leise auf ihn ein. Der Junge kämpfte mit den Tränen. Der Vater zeigte mit dem Finger zum Himmel, streichelte ihn über den Kopf und schien ihm etwas zu erklären. Da rief schon der SS-Mann an der Grube seinem Kameraden etwas zu. Dieser teilte ungefähr 20 Personen ab und wies sie an, hinter den Erdhügel zu gehen. Die Familie, von der ich hier sprach, war dabei. Ich entsinne mich noch genau, wie ein Mädchen, schwarzhaarig und schlank, als sie nahe an mir vorbeiging, mit der Hand an sich herunter zeigte und sagte: »23 Jahre!«

Ich ging um den Erdhügel herum und stand vor dem riesigen Grab. Dicht aneinandergepreßt lagen die Menschen so aufeinander, daß nur die Köpfe zu sehen waren. Von fast allen Köpfen rann Blut über die Schultern. Ein Teil der Erschossenen bewegte sich noch. Einige hoben ihre Arme und drehten den Kopf um, um zu zeigen, daß sie noch lebten. Die Grube war bereits dreiviertel voll. Nach meiner Schätzung lagen darin bereits ungefähr 1000 Menschen. Ich schaute mich nach dem Schützen um. Dieser, ein SS-Mann, saß am Rand der Schmalseite der Grube auf dem Erdboden, ließ die Beine in die Grube herabhängen, hatte auf seinen Knien eine Maschinenpistole liegen und rauchte eine Zigarette. Die vollständig nackten Menschen gingen an einer Treppe, die in die Lehmwand der Grube gegraben war, hinab, rutschten über die Köpfe der Liegenden hinweg bis zu der Stelle, die der SS-Mann anwies. Sie legten sich vor die toten oder angeschossenen Menschen, einige streichelten die noch Lebenden und sprachen leise auf sie ein. Dann hörte ich eine Reihe Schüsse. Ich schaute in die Grube und sah, wie die Körper zuckten oder die Köpfe schon still auf den vor ihnen liegenden Körpern lagen. Von den Nacken rann Blut. Ich wunderte mich, daß ich nicht fortgewiesen wurde, aber ich sah, wie auch zwei oder drei Postbeamte in Uniform in der Nähe standen. Schon kam die nächste Gruppe heran, stieg in die Grube hinab, reihte sich an die vorherigen Opfer an und wurde erschossen. Als ich um den Erdhügel zurückging, bemerkte ich wieder einen soeben angekommenen Transport von Menschen. Diesmal waren Kranke und Gebrechliche dabei. Eine alte, sehr magere Frau mit fürchterlich dünnen Beinen wurde von einigen anderen, schon nackten Menschen, ausgezogen, während 2 Personen sie stützten. Die Frau war anscheinend gelähmt. Die nackten Menschen trugen die Frau um den Erdhügel herum. Ich entfernte mich mit Moennikes und fuhr mit dem Auto nach Dubno zurück.

*Eidliche Erklärung des Bau-Ingenieurs Hermann Friedrich Gräbe
in Wiesbaden am 10. November 1945*

Ich habe mitgeschossen   *Die Erschießung der Juden in Schirowitz*

... Schirowitz ist ein Vorort von Slonim und ca. 7-9 km entfernt. Bei dieser Exekution wurden ca. 1200 bis 1400 Juden aus dem Ghetto vernichtet. Es wurden bei dieser Aktion Gruppen von 500 Personen zu Fuß an den Vernichtungsort geführt und von den eingeteilten Vernichtungskommandos vernichtet. Bei dieser Exekution war ich selbst dabei und habe selbst mitgeschossen. Die Anlagen der Gruben waren diesmal 4 m breit, 5 m tief und ca. 60-80 m lang. Der Exekutionsort war außerhalb der Ortschaft hinter einem Wäldchen. Einige Tage vor der Exekution wurden Schießproben an dem Exekutionsort durchgeführt, um festzustellen, ob die Bevölkerung von Schirowitz den Schall der Exekutionen hören könne.

Diese Exekution verlief ungefähr folgendermaßen: die Wachleute gingen mit den Juden in die Gruben. Dabei wurde das hintere Ende der Gruben verschlossen und die Juden gezwungen, sich am Rand aus-zuziehen und sich sofort ohne eine Untersuchung in die Gruben hineinzulegen. Als die erste Schicht drinnen lag, gingen die Wachleute aus den Gruben hinaus unter gleichzeitigem Einsetzen von beider-seitigem Feuer. Durch diese Art der Aufstellung wurde es ermöglicht, ein Kreuzfeuer auf die Juden zu eröffnen. Die erste Schicht betrug etwa 100-120 Mann in der Grube. Nach der ersten Exekution mußte sich die zweite Schicht der Juden so auf die toten Körper legen, daß der Kopf auf den Füßen der unteren Leichen zu liegen kam. In einer Grube wurden ca. 5-6 Schichten aufeinandergeworfen und betrug die Anzahl der Juden in einer Grube ca. 400-500 Personen. Die Exekutionen wurden mit Schnellfeuergewehren, Karabinern, Maschinenpistolen, ganz nach Belieben durchgeführt. Vorher wurden viele zu Tode geschlagen. Es war erstaunlich, wie die Juden in die Gruben hineingingen, nur mit gegenseitigen Tröstungen, um sich dadurch gegenseitig zu ermuntern und den Exekutionskom-mandos die Arbeit zu erleichtern. Die Exekution selbst dauerte 3-4 Stunden. Ich war die ganze Zeit an der Exekution beteiligt. Die einzigen Pausen, die ich machte, waren, wie mein Karabiner leer-geschossen war und ich neu laden mußte. Es ist mir dadurch nicht möglich zu sagen, wieviele Juden ich selbst während dieser 3-4 Stunden umgebracht habe, da während dieser Zeit ein anderer für mich weiter schoß. Wir haben während dieser Zeit ziemlich viel Schnaps getrunken, um unseren Arbeitseifer anzuregen. Die noch in den unteren Schichten lebenden, bzw. nur angeschossenen Juden wurden durch die oberen Schichten erstickt oder durch das Blut der oberen Schichten ertränkt. Diesmal kamen keine angeschossenen Leute lebend davon. Die Gräben wurden anschließend durch die einhei-mische Bevölkerung zugeschaufelt. Nach dieser Massenvernichtung wurde wiederum eine Besprechung bei dem Gebietskommissar durchgeführt. Der Gebietskommissar lobte bei dieser Gelegenheit meinen Fleiß und war mit der ganzen Aktion zufrieden ...

III. In dieser Art und Weise wurden weitere Exekutionen in anderen Ortschaften durchgeführt, so in Koslowtschisna, ca. 7-800 Juden, in Beretschin ca. 2000-3000 Personen, in Holinka 400-500 Juden, in Bytin ca. 3000-4000. Bei diesen Exekutionen mußten alle, die bei der vorhergehenden Exekution an-wesend waren, wieder teilnehmen. Wir benutzten dabei die gleichen Waffen. Außerdem haben sich Herr Muck, Uffz., sowie freiwillige Soldaten und Eisenbahner vom Bahnhof Slonim beteiligt, als sie merkten, daß bei diesen Exekutionen etwas zu gewinnen war. Bei dieser Exekution wurden Kleider und Schmuckstücke vor der Exekution abgelegt. Körperliche Untersuchungen fanden aus Mangel an Zeit nicht statt.

IV. In einer dieser Ortschaften war eine Widerstandsbewegung, die vom SD aufgedeckt wurde. Die Leute wurden besonders scharf beim SD vernommen und mißhandelt und anschließend mit den Juden erschossen. Es handelt sich dabei um 80 Polen vom nationalen Kongreß. Der Führer dieser SD-Truppe war SS-Unterstumführer Amelung. Auch an dieser Exekution habe ich mich beteiligt ...

V. Die zweite Vernichtung in Slonim war im Herbst 1943 und sollte die endgültige Lösung des Juden-problems in dieser Ortschaft sein. Diese Erledigung war für sämtliche Kommissariate angeordnet und sollte der Gebietskommissar, der am ersten das Judenproblem erledigt hatte, anschließend sofort be-fördert werden. Ich möchte hierzu bemerken, daß 85% der Bevölkerung Juden waren. In 1½ Jahren wurden in diesem Distrikt 24000 Juden vernichtet.

*Eidesstattliche Erklärung des Dolmetschers Alfred Metzner
in Augsburg am 18. September 1947*

»Aktion« in Wlodawa, Oktober 1942

In jedem Kriege, auch in diesem, hat es zweifellos – und ganz gewiß auf beiden Seiten – Gewalt- und Greueltaten gegeben. Gewiß erscheinen sie denen, an denen sie verübt worden sind, schrecklich genug, ich entschuldige und beschönige sie nicht. Aber sie waren zufällige, unorganisierte und vereinzelte Taten. Hier jedoch haben wir es mit etwas ganz anderem zu tun: mit systematischen, großangelegten, zusammenhängenden Untaten, die vorsätzlich überlegt und mit Berechnung begangen wurden... Die Geschichte kennt keine Parallele zu diesen Schrecken.

Sir Hartley Shawcross

Juden schaufeln ihr eigenes Grab *(Seite 88–89)*

Das Ausheben der Gruben nimmt den größten Teil der Zeit in Anspruch, während das Erschießen selbst sehr schnell geht (100 Mann 40 Minuten). . . Anfangs waren meine Soldaten nicht beeindruckt. Am zweiten Tage jedoch machte sich schon bemerkbar, daß der eine oder andere nicht die Nerven besitzt, auf längere Zeit eine Erschießung durchzuführen. Mein persönlicher Eindruck ist, daß man während der Erschießung keine seelischen Hemmungen bekommt. Diese stellen sich jedoch ein, wenn man nach Tagen abends in Ruhe darüber nachdenkt.

Bericht von Oberleutnant Walther über eine Erschießung bei Belgrad am 1. November 1941

Registrierung in Odessa
am 22. Oktober 1941

Es wird natürlich gehörig aufgeräumt, insbesondere unter den Juden... Wir schlafen hier nicht. Wöchentlich 3–4 Aktionen. Einmal Zigeuner und ein andermal Juden, Partisanen und sonstiges Gesindel... Nun, wir haben von den hier in Kamenetz-Podolsk lebenden Jüdlein nur noch einen verschwindenden %-Satz von den 24000. Die in den Rayons lebenden Jüdlein gehören ebenfalls zu unserer engeren Kundschaft. Wir machen Bahn ohne Gewissensbisse und dann: »... die Wellen schlagen zu, die Welt hat Ruh'.«

Gendarmeriemeister Fritz Jacob an Generalleutnant Querner am 21. Juni 1942

Sniadowa, Polen

»Das jüdische Volk wird ausgerottet«, sagt ein jeder Parteigenosse, »ganz klar, steht in unserem Programm, Ausschaltung der Juden, Ausrottung, machen wir.«. . . Von allen, die so reden, hat keiner zugesehen, keiner hat es durchgestanden. Von euch werden die meisten wissen, was es heißt, wenn 100 Leichen beisammen liegen, wenn 500 da liegen oder wenn 1000 da liegen. Dies durchgehalten zu haben, und dabei – abgesehen von Ausnahmen menschlicher Schwächen – anständig geblieben zu sein, das hat uns hart gemacht. Dies ist ein niemals geschriebenes und niemals zu schreibendes Ruhmesblatt unserer Geschichte.

Heinrich Himmler

93

Wir wissen, daß es müßig ist, sich jetzt noch über die verschiedenen Lösungsvorschläge zu unterhalten; die Judenfrage ist aus dem theoretischen in ein rein praktisches Stadium getreten, und zwar nicht bloß in Deutschland, sondern in zunehmendem Maße auch in den anderen europäischen Ländern...
Das Schicksal der Juden vollzieht sich nunmehr nach den Gesetzen einer Gerechtigkeit, die nach kleinlichen Empfindungen nicht fragt und dem Wohl der Menschheit unbestechlich dient. Über die Juden in Europa ist das Urteil gesprochen!

»Die Front«, Feldzeitung einer Armee, Nr. 414, 18. Juli 1942

Menschenjagd in Lemberg und Lijepaja

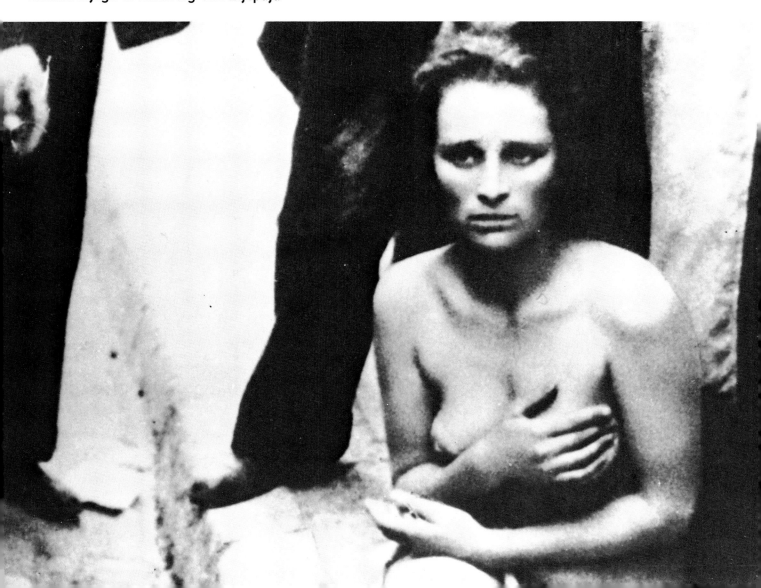

Massenexekution in Lijepaja, Lettland

Was ist dagegen Katyn? Man stelle sich nur einmal vor, solche Vorkommnisse würden auf der Gegenseite bekannt und dort ausgeschlachtet! Wahrscheinlich würde eine solche Propaganda einfach nur deshalb wirkungslos bleiben, weil Hörer und Leser nicht bereit wären, derselben Glauben zu schenken.

Der Reichskommissar für das Ostland an den Reichsminister für die besetzten Ostgebiete am 18. Juni 1943

Erschießung jüdischer Geiseln in Dragobitsch, UdSSR *(rechts oben)*

Erschießung von Widerstandskämpfern, UdSSR *(rechts unten)*

Dieses Mädchen ist eine der wenigen, deren Bild und Namen die Henker hinterlassen haben. Bajla Gelblung entfloh einem Todestransport aus dem Warschauer Ghetto und ging zu den Partisanen. Als sie in Brest-Litowsk verhaftet wurde, trug sie einen polnischen Militärmantel. Dieses Foto von ihrem Verhör erschien während des Krieges in einer deutschen Illustrierten.

Minsk, Herbst 1941

100   Wir wissen nicht, warum dieser russische Bauer sterben mußte. Vielleicht versteckte er flüchtende Juden, vielleicht half er den Partisanen. Sein von Todesangst erfülltes Gesicht steht für Hunderttausende, die hingerichtet wurden, weil sie für die Verfolgten und gegen die Verfolger Partei ergriffen.

Die Deportationen

Die Eroberungen im Westen stellten die Fanatiker der Judenausrottung vor neue Probleme. Eine Zeitlang spielte man mit der abstrusen Idee, alle Juden Europas auf die Insel Madagaskar zu verbannen und sie dort ihrem Schicksal zu überlassen. Doch man ließ dieses Projekt bald wieder fallen.

Einen Monat nach dem Angriff auf die Sowjetunion beauftragt Göring den Chef der SIPO und des SD, Reinhard Heydrich, mit den organisatorischen Vorbereitungen für die »Endlösung der Judenfrage« in den von Deutschland besetzten Gebieten. Ein halbes Jahr später liegen die Pläne fertig vor.

Die Massenerschießungen in der Sowjetunion sind schon in vollem Gange, die Deportationen aus dem Deutschen Reich haben begonnen und in Polen werden die ersten Menschen in die Gaskammern geführt, als Heydrich am 20. Januar 1942 auf einer Besprechung »mit anschließendem Frühstück« in Berlin, Am großen Wannsee Nr. 56/58, die Vertreter der zuständigen Ministerien über die bevorstehenden Aktionen informiert, um ihre Mitarbeit zu veranlassen.

Im Frühjahr desselben Jahres hebt die große Menschenjagd an. In allen besetzten Ländern wiederholt sich die gleiche Tragödie. Mit der Registrierung, der Einführung des Judensterns und dem Erlaß antisemitischer Gesetze hatte es angefangen. Nun beginnen die Deportationen.

Alles ist durch Vorschriften geregelt und läuft nach genauestem Plan. Man erhält ein Formular, wieviel man mitnehmen darf: Proviant für zwei Tage, einen Eßnapf, kein Messer, einen Löffel, zwei Decken, warme Kleidung, ein Paar derbe Schuhe, Höchstgewicht 25 Kilo; ein Koffer, auf den man seinen Namen schreiben muß und den man nie mehr öffnen wird. Auf der Straße wartet schon ein Lastauto voller Menschen, das ins Sammellager oder direkt zum Güterbahnhof fährt. An der Verladerampe steht ein Zug, zwanzig Viehwagen mit stacheldrahtvernagelten Lichtluken und zwei Personenwagen für die Wachmannschaften. Tausend Menschen faßt ein solcher Transport.

Die Züge fahren mehrmals in der Woche und von allen Bahnhöfen Europas. Selbst der Ausfall von dringend benötigtem Nachschub für die Front und die Verstopfung der Rückzugslinien kann die deutsche Regierung nicht davon abhalten, ihr Programm durchzuführen.

Tausend-, hunderttausend-, millionenmal Abschied, ein letzter Blick, eine Umarmung. Familien, die zerschnitten, Freundschaften, die zerstört werden. Tausendmal ein Mensch mit seinen heimlichen Sorgen und seiner Hoffnung auf Glück. Ein ganzes Leben, das gestohlen, ein Name, der ausgelöscht wird.

Mehrere Tage und Nächte hocken die Menschen zwischen ihrem Gepäck im Halbdunkel der überfüllten Viehwaggons, übernächtigt, verschmutzt, durstig und verzweifelt, im ungewissen über das Ziel ihrer Reise. Die Wasserflasche ist längst leer, der Unratkübel läuft über. Die Kinder weinen, eine Frau wird ohnmächtig. Am zweiten Morgen findet man die ersten Toten, einen Säugling, der die Strapazen der Fahrt nicht ertragen konnte, oder einen alten Menschen, der den Mut verlor.

Manchmal, wenn der Zug auf einem deutschen Bahnhof hält, sehen die Deportierten Schwestern vom Roten Kreuz an durchfahrende Soldaten Kaffee ausschenken, aber für Juden gibt es in Deutschland nicht einmal Wasser.

Um die Opfer leichter zusammenzutreiben, erklärt man ihnen, daß sie zur Arbeit nach Polen kommen. Je mehr die Wahrheit durchsickert, desto verzweifelter versuchen die Menschen, irgendwo unterzutauchen; mit einem falschen Paß, in einem Dorf, in dem einen keiner kennt, oder im Versteck, auf dem Dachboden tapferer Helfer. Wer nicht freiwillig zum Sammelplatz geht, wird abgeholt. Oft kommt die Polizei in eine verlassene Wohnung. Oft muß sie auch die Türen aufbrechen, weil diejenigen, die sie abholen will, ihr Klingeln nicht mehr hören.

Eine moderne Völkerwanderung hat begonnen. Aus Oslo und Athen, Paris und Amsterdam, Berlin und Prag, Wien und Budapest strömen die nicht endenwollenden Menschenzüge einem einzigen Ort entgegen, dessen Namen vor wenigen Jahren noch niemand kannte: Auschwitz.

Ein schreckliches Schicksal hat die Kinder Israels geschlagen. Aber dieses Schicksal hat Anschrift und Gesicht: Reichssicherheitshauptamt Berlin, Abteilung IV B 4, SS-Obersturmbannführer Adolf Eichmann.

Gemeente 's-Gravenhage

AANMELDINGSPLICHT
van personen van geheel of gedeeltelijk Joodschen bloede.

Alle Juden haben sich am 19 April d. J. um 8 Uhr morgens bei der Städtischen Schutzpolizei (im Feuerwehrkomando am Taš-Majdan) zu melden.

Juden die dieser Meldepflicht nicht nachkommen, werden erschossen.

Belgrad 16-IV 1941

Der Chef der Einsatzgruppe der Sicherheitspolizei und des S. D.

ETAT FRANCAIS
Ville de VICHY
ARRETE MUNICIPAL
RECENSEMENT des ISRAELITES

Der Befehl zur »Endlösung«

Der Reichsmarschall des Großdeutschen Reiches	Berlin, den 31. 7. 1941

Der Reichsmarschall des Großdeutschen Reiches   Berlin, den 31. 7. 1941
Beauftragter für den Vierjahresplan
Vorsitzender des Ministerrates für die Reichsverteidigung

An den
Chef der Sicherheitspolizei und des SD
– Gruppenführer Heydrich – Berlin

In Ergänzung der Ihnen bereits mit Erlaß vom 24. Januar 1939 übertragenen Aufgabe, die Judenfrage in Form der Auswanderung oder Evakuierung einer den Zeitverhältnissen entsprechend möglichst günstigen Lösung zuzuführen, beauftrage ich Sie hiermit, alle erforderlichen Vorbereitungen in organisatorischer, sachlicher und materieller Hinsicht zu treffen für eine Gesamtlösung der Judenfrage im deutschen Einflußgebiet von Europa.
Sofern hierbei die Zuständigkeit anderer Zentralinstanzen berührt werden, sind diese zu beteiligen.
Ich beauftrage Sie weiter, mir in Bälde einen Gesamtentwurf über die organisatorischen, sachlichen und materiellen Vorausmaßnahmen zur Durchführung der angestrebten Endlösung der Judenfrage vorzulegen.

Göring

»Geheime Reichssache« *Protokoll der Wannsee-Besprechung am 20. Januar 1942*

An Stelle der Auswanderung ist nunmehr als weitere Lösungsmöglichkeit nach entsprechender vorheriger Genehmigung durch den Führer die Evakuierung nach dem Osten getreten.
Diese Aktionen sind jedoch lediglich als Ausweichmöglichkeiten anzusprechen, doch werden hier bereits jene praktischen Erfahrungen gesammelt, die im Hinblick auf die kommende Endlösung der Judenfrage von wichtiger Bedeutung sind.
Im Zuge dieser Endlösung der europäischen Judenfrage kommen rund 11 Millionen Juden in Betracht ...
Unter entsprechender Leitung sollen im Zuge der Endlösung die Juden in geeigneter Weise im Osten zum Arbeitseinsatz kommen. In großen Arbeitskolonnen, unter Trennung der Geschlechter, werden die arbeitsfähigen Juden straßenbauend in diese Gebiete geführt, wobei zweifellos ein Großteil durch natürliche Verminderung ausfallen wird.
Der allfällig endlich verbleibende Restbestand wird, da es sich bei diesem zweifellos um den widerstandsfähigsten Teil handelt, entsprechend behandelt werden müssen, da dieser, eine natürliche Auslese darstellend, bei Freilassung als Keimzelle eines neuen jüdischen Aufbaues anzusprechen ist. (Siehe die Erfahrung der Geschichte.)
Im Zuge der praktischen Durchführung der Endlösung wird Europa von Westen nach Osten durchgekämmt. Das Reichsgebiet einschließlich Böhmen und Mähren wird, allein schon aus Gründen der Wohnungsfrage und sonstiger sozialpolitischer Notwendigkeiten, vorweggenommen werden müssen.
Die evakuierten Juden werden zunächst Zug um Zug in sogenannte Durchgangsghettos verbracht, um von dort aus weiter nach dem Osten transportiert zu werden ...
Der Beginn der einzelnen größeren Evakuierungsaktionen wird weitgehend von der militärischen Entwicklung abhängig sein. Bezüglich der Behandlung der Endlösung in den von uns besetzten und beeinflußten europäischen Gebieten wurde vorgeschlagen, daß die in Betracht kommenden Sachbearbeiter des Auswärtigen Amtes sich mit den zuständigen Referenten der Sicherheitspolizei und des SD besprechen ...
Abschließend wurden die verschiedenen Arten der Lösungsmöglichkeiten besprochen, wobei sowohl seitens des Gauleiters Dr. Meyer als auch seitens des Staatssekretärs Dr. Bühler der Standpunkt vertreten wurde, gewisse vorbereitende Arbeiten im Zuge der Endlösung gleich in den betreffenden Gebieten selbst durchzuführen, wobei jedoch eine Beunruhigung der Bevölkerung vermieden werden müsse.
Mit der Bitte des Chefs der Sicherheitspolizei und des SD an die Besprechungsteilnehmer, ihm bei der Durchführung der Lösungsarbeiten entsprechende Unterstützung zu gewähren, wurde die Besprechung geschlossen.

Richtlinien für die Deportation

Geheime Staatspolizei   Bielefeld, den 20. März 1942
Staatspolizeistelle Münster – Außendienststelle Bielefeld –

Tgb.-Nr. II B 3 – 944/42

An den
Herrn Landrat – Oberbürgermeister –
in _____

Betrifft: Evakuierung von Juden.
Vorgang: Ohne
Anlagen: 1 namentl. Verzeichnis, Quittungsvordrucke und Durchschriften dieser Verfügung.

Am 31. 3. 42 werden aus dem Bezirk der Staatspolizeistelle Hannover 1000 Juden nach dem Osten evakuiert. Aus dem ehemaligen Bezirk der Staatspolizeileitstelle Bielefeld (Reg.-Bez. Minden und die Länder Lippe und Schaumburg-Lippe) sind für den Abtransport 325 Juden zu stellen. Die zu stellenden Juden aus den einzelnen Kreispolizeileitbezirken sind in dem beigefügten Verzeichnis aufgeführt. Die Kreispolizeibehörden haben folgendes zu veranlassen:

1. Die zur Abschiebung bestimmten Juden sind am 30. 3. 42 in ihren Wohnungen abzuholen und am gleichen Tage bis *spätestens* 12.00 Uhr nach Bielefeld zum Kyffhäuser (Am Kesselbrink), Großer Saal, zu überführen. Die begleitenden Exekutivbeamten haben die Überführung in Zivilkleidung vorzunehmen. Die Transporte sind möglichst mit der Eisenbahn durchzuführen.
2. Vor dem Verlassen der Wohnungen der Juden hat ein Beamter das vorhandene Bargeld, Wertgegenstände (Schmuckstücke, Gold- und Silbersachen, auch goldene Uhren) – außer den Eheringen – einzuziehen. In der Wohnung des betreffenden Juden ist dann eine der beigefügten Quittungen von einem Beamten auszustellen, die von zwei Beamten und dem betreffenden Juden, bei dem die Sicherstellung erfolgte, zu unterschreiben ist. Das Bargeld und die Wertsachen sind mit der Quittung in *einem* Umschlag zu *versiegeln* und im Auffanglager in Bielefeld (Kyffhäuser) dem aufsichtsführenden Stapobeamten (KOS. Pützer) abzugeben.
3. Vor dem Verlassen der Judenwohnungen ist darauf zu achten, daß das Gas und Wasser abgestellt und das Licht ausgeschaltet ist (Verdunkelung!) Lebendes Inventar ist von dort aus unterzubringen. Kosten dürfen nicht entstehen.
4. Unmittelbar nach dem Verlassen der Wohnungen sind die Judenwohnungen zu versiegeln. Hierfür sind Siegelmarken zu verwenden. Die Schlüssel der Wohnungen sind von der OPB. einzuziehen und auf dem Amt zu hinterlegen. Sie sind zusammenzubinden und mit einem Zettel, auf dem der Name und die Wohnung des Juden aufgeführt sind, zu versehen ...
5. Bei der Einlieferung im Auffanglager dürfen die Juden nur im Besitze ihrer Kennkarte sein. Alle anderen Papiere sind in der Wohnung zurückzulassen. Lebensmittelkarten sind einzuziehen und an das zuständige Wirtschaftsamt abzuführen. Arbeitsbücher und Invalidenkarten sind ebenfalls einzuziehen und an das zuständige Arbeitsamt, bzw. an die Invalidenversicherungsanstalt abzuführen.
6. Die für die Evakuierung vorgesehenen Juden sind angewiesen, 25 kg Gepäck mitzunehmen. Außerdem dürfen für 2 Tage Verpflegung mitgenommen werden. Die Ortspolizeibehörden haben bereits am 28. 3. 42 das Gepäck von den Juden einzuziehen und bis zur Abfahrt aufzubewahren. Es ist vor dem Abtransport *nachzuwiegen und genauestens zu durchsuchen.* Das Gepäck darf keine Waffen (Schußwaffen, Sprengstoffe, Messer, Scheren, Gifte, Medikamente usw.) enthalten. Ist das Gepäck schwerer als 25 kg, ist es entsprechend zu verringern. Es ist den Juden auch zu gestatten, daß sie sich bis zu zwei Schlafdecken, die aber in dem Gewicht von 25 kg enthalten sein müssen, mitnehmen dürfen ...

Auf die genaueste Durchführung der vorstehenden Anordnungen, die nach den Richtlinien des Reichssicherheitshauptamtes aufgestellt sind, weise ich ganz besonders hin.

He.

Geschichte eines Transports

»Bericht über die Evakuierung von Juden nach Riga«

Transportverlauf. Der für den 11. 12. 1941 vorgesehene Judentransport umfaßte 1007 Juden aus den Städten Duisburg, Krefeld, mehreren kleineren Städten und Landgemeinden des rheinisch-westfälischen Industriegebietes. Düsseldorf war nur mit 19 Juden vertreten. Der Transport setzte sich aus Juden beiderlei Geschlechts und verschiedenen Alters, vom Säugling bis zum Alter von 65 Jahren zusammen.

Die Ablassung des Transportes war für 9.30 Uhr vorgesehen, weshalb die Juden bereits ab 4.00 Uhr an der Verladerampe zur Verladung bereitgestellt waren. Die Reichsbahn konnte jedoch den Sonderzug, angeblich wegen Personalmangels, nicht so früh zusammenstellen, so daß mit der Einladung der Juden erst gegen 9.00 Uhr begonnnen werden konnte. Das Einladen wurde, da die Reichsbahn auf eine möglichst fahrplanmäßige Ablassung des Zuges drängte, mit der größten Hast vorgenommen . . .

Auf dem Wege vom Schlachthof zur Verladerampe hatte ein männlicher Jude versucht, Selbstmord durch Überfahren mittels Straßenbahn zu verüben. Er wurde jedoch von der Auffangvorrichtung der Straßenbahn erfaßt und nur leichter verletzt. Er stellte sich anfänglich sterbend, wurde aber während der Fahrt bald sehr munter, als er merkte, daß er dem Schicksal der Evakuierung nicht entgehen konnte.

Ebenfalls hatte sich eine ältere Jüdin unbemerkt von der Verladerampe, es regnete und war sehr dunkel, entfernt, sich in ein nahe liegendes Haus geflüchtet, entkleidet und auf ein Klosett gesetzt. Eine Putzfrau hatte sie jedoch bemerkt, so daß auch sie dem Transport wieder zugeführt werden konnte. Die Verladung der Juden war gegen 10.15 Uhr beendet. Nach mehrmaligem Rangieren verließ der Zug dann gegen 10.30 Uhr den Güterbahnhof Düsseldorf-Derendorf in Richtung Wuppertal . . .

Die Fahrt verlief dann planmäßig und berührte folgende Städte: Wuppertal, Hagen, Schwerte, Hamm. Gegen 18 Uhr wurde Hannover-Linden erreicht . . . Am 12. 12. um 1.15 Uhr wurde Wustermark erreicht . . . Um 3.30 Uhr hatte der Zug auf der Station Berlin-Lichterfelde einen Aufenthalt von einer halben Stunde . . . Der Zug hatte bereits 155 Minuten Verspätung. Die Fahrt wurde dann über Küstrin, Kreuz, Schneidemühl, Firchau fortgesetzt . . .

Kurz vor Konitz riß der Wagen wegen seiner Überbelastung auseinander. Auch zerriß das Heizungsrohr. Der Zug konnte jedoch behelfsmäßig repariert seine Fahrt bis Konitz fortsetzen . . . Um 12.10 Uhr verließ der Zug den Bahnhof Konitz. Die Fahrt führte dann weiter über Dirschau, Marienburg, Elbing nach Königsberg (Pr.) . . . Um 1.50 Uhr ging es weiter nach Tilsit . . . Um 5.15 Uhr wurde die Grenzstation Laugszargen und nach 15 Minuten die litauische Station Tauroggen erreicht. Von hier aus sollte die Fahrt bis Riga normal nur noch 14 Stunden betragen. Infolge des eingleisigen Bahngeländes und der Zweitrangigkeit des Zuges in der Abfertigung gab es auf den Bahnhöfen oft lange Verzögerungen in der Weiterfahrt. Auf dem Bahnhof Schaulen (1.12 Uhr) wurde die Begleitmannschaft von Schwestern des Roten Kreuzes ausreichend und gut verpflegt. Es wurde Graupensuppe mit Rindfleisch verabfolgt . . . Um 19.30 Uhr wurde Mitau (Lettland) erreicht. Hier machte sich schon eine erheblich kühlere Temperatur bemerkbar. Es setzte Schneetreiben mit anschließendem Frost ein. Die Ankunft in Riga erfolgte um 21.50 Uhr, wo der Zug auf dem Bahnhof 1¹/₂ Stunden festgehalten wurde. Hier stellte ich fest, daß die Juden nicht für das Rigaer Ghetto bestimmt waren, sondern im Ghetto Stirotawa, 8 km nordostwärts von Riga, untergebracht werden sollten. Am 13. 12., um 23.35 Uhr, erreichte der Zug nach vielem Hin- und Herrangieren die Militärrampe auf dem Bahnhof Skirotawa. Der Zug blieb ungeheizt stehen. Die Außentemperatur betrug bereits 12 Grad unter Null. Da ein Übernahme-Kdo. der Stapo nicht zur Stelle war, wurde die Bewachung des Zuges vorläufig von meinen Männern weiter durchgeführt. Die Übergabe des Zuges erfolgte alsdann um 1.45 Uhr, gleichzeitig wurde die Bewachung von 6 lettischen Polizeimännern übernommen. Da es bereits nach Mitternacht war, Dunkelheit herrschte und die Verladerampe stark vereist war, sollte die Ausladung und die Überführung der Juden in das noch 2 km entfernt liegende Sammelghetto erst am Sonntag früh beim Hellwerden erfolgen. Mein Begleit-Kdo. wurde durch 2 vom Kdo. d. Sch. bereitgestellte Pol.-Streifenwagen nach Riga gebracht und bezog dort gegen 3 Uhr Nachtquartier. Ich selbst erhielt Unterkunft im Gästehaus des Höh. SS- und Pol.-Führers, Petersburger Hof, Am Schloßplatz 4.

gez. Salitter, Hauptmann der Schutzpolizei

Am Beispiel Hollands

»Betrifft: Abschub der Juden« – *Der Vertreter des Auswärtigen Amtes beim Reichskommissar für die besetzten niederländischen Gebiete in Den Haag, Generalkonsul Otto Bene, berichtet nach Berlin:*

31. Juli 1942. Mit den heute abgegangenen Zügen sind bis jetzt 6000 niederländische Juden abtransportiert worden. Der Abtransport als solcher ist ungestört verlaufen, und es ist auch nicht anzunehmen, daß bei den in den nächsten Wochen rollenden Transporten Schwierigkeiten oder Störungen eintreten werden.

13. August 1942. Seit meinem oben erwähnten Bericht hat sich die Lage erheblich geändert. Nachdem die Judenschaft dahinter gekommen ist und weiß, was bei dem Abtransport bzw. bei dem Arbeitseinsatz im Osten gespielt wird, treten sie zu den wöchentlichen Transporten nicht mehr an. Von 2000 für diese Woche Aufgerufenen erschienen nur ca. 400. In ihren Wohnungen sind die Aufgerufenen nicht mehr zu finden. Es macht also Schwierigkeiten, die beiden Züge zu füllen, und wie man in den nächsten Wochen die Züge füllen soll, weiß man noch nicht. –

11. September 1942. Man rechnet, daß ca. 25 000 Juden innerhalb der Niederlande ambulant wohnen, d. h. sich versteckt halten. Die Abtransportziffern sind bisher eingehalten worden. Es sind verschiedene Maßnahmen in Vorbereitung, um diese Ziffern auch für die Zukunft sicherzustellen.

16. November 1942. Seit meinem Bericht vom 11. September 1942 – D Pol 3 Nr. 8 – ist der Abtransport der Juden in das Lager Auschwitz ohne Schwierigkeiten und Zwischenfälle weitergegangen. Bis zum 15. Oktober sind etwa 45 000 Juden abtransportiert worden.
Laut Anweisung des Reichskommissars sollen alle Juden bis zum 1. Mai 1943 abtransportiert sein. Das bedeutet, daß die wöchentliche Abtransportzahl von 2000 auf 3500 erhöht werden mußte.

6. Januar 1943. Der Abtransport der Juden aus den Niederlanden ist seit meinem Bericht vom 16. 11. 1942 – D Pol 3 Nr. 8 / Nr. 1558 – reibungslos weitergelaufen, so daß jetzt die Hälfte der abzutransportierenden Juden abgeschoben ist.

26. März 1943. Wie leicht sich nach wie vor die niederländische Bevölkerung aus Mitleid oder aus Gewinnsucht der Judenbegünstigung schuldig macht, beweist ein Fall, in dem sich acht Arier wegen *eines* Juden strafbar machten, den sie wochenlang hintereinander unterstützt und verborgen hatten ... Auch von Seiten der niederländischen Polizei werden flüchtige Juden meist nur durch solche einzelnen Beamte eingebracht, die schon seit längerem für die deutsche Polizei arbeiten, während sich der überwiegende Teil der Polizeibeamten aus Angst vor Vorgesetzten, Kameraden und der Bevölkerung nicht einschaltet.

30. April 1943. Aus verschiedenen Provinzgemeinden wurden Selbstmorde von Juden gemeldet. Die Bevölkerung nahm, abgesehen von Freunden aus Mischehen, keinen Anteil an den Judentransporten und scheint sich mit ihnen abgefunden zu haben.

24. Mai 1943. Die Abtransporte nach dem Osten erlitten durch die Streikunruhen und durch den anderweitigen Einsatz der Polizeimannschaften keine Unterbrechung. Der sechzigtausendste Jude wurde zum Arbeitseinsatz nach dem Osten abgeschoben ... Die Erfassung flüchtiger Juden in Amsterdam und in den Provinzen wurde, teilweise mit Auszahlung von Kopfprämien an Niederländer, weitergeführt.

25. Juni 1943. Von den ursprünglich in den Niederlanden gemeldeten 140 000 Volljuden ist nun der 100 000. Jude aus dem Volkskörper entfernt worden ... Ein letzter großer Zuwachs wurde am Sonntag, dem 20. 6. 1943, durch eine zweite Großaktion in Amsterdam erreicht, bei der in 24-stündigem Zugriff 5550 Juden erfaßt werden konnten ... Zu Zwischenfällen ist es nicht gekommen. Die niederländische Bevölkerung steht den Transporten ablehnend gegenüber, zeigte sich jedoch äußerlich überwiegend teilnahmslos ...

Bei den letzten vier Briefzitaten handelt es sich um Abschriften aus den wöchentlichen Geheimberichten des Befehlshabers der Sicherheitspolizei an den Reichskommissar für die besetzten niederländischen Gebiete

Die Kinder von Drancy

Die Verhaftung staatenloser Juden in Paris wird von der französischen Polizei in der Zeit vom 16. 7. - 18. 7. 1942 vorgenommen werden. Es steht zu erwarten, daß nach der Verhaftung etwa 4000 Judenkinder zurückbleiben ... bitte ich um dringende FS-Entscheidung darüber, ob die Kinder der abzutransportierenden staatenlosen Juden etwa vom 10. Transport ab mit abgeschoben werden können.

Fernschreiben des SS-Hauptsturmführers Dannecker, Paris,
an das Reichssicherheitshauptamt Berlin, am 10. Juli 1942

Am 20. 7. 1942 riefen SS-Obersturmbannführer *Eichmann* und SS-Obersturmführer *Nowak* vom RSHA IV B 4 hier an.
Mit SS-Obersturmbannführer Eichmann wurde die Frage des Kinderabschubes besprochen. Er entschied, daß, sobald der Abtransport in das Generalgouvernement wieder möglich ist, Kindertransporte rollen können.

Aktenvermerk Danneckers, am 21. Juli 1942

Die in den Lagern Pithiviers und Beaune-la-Rolande untergebrachten jüdischen Kinder können nach und nach auf die vorgesehenen Transporte nach Auschwitz aufgeteilt werden. Geschlossene Kindertransporte sind jedoch keinesfalls (unterstr.) auf den Weg zu bringen.

Fernschreiben des RSHA an den Befehlshaber der SIPO und des SD, Paris, am 13. August 1942

Am 14. 8. 1942, 8.55 Uhr hat Transportzug Nr. D 901/14 den Abgangsbahnhof Le Bourget-Drancy in Richtung Auschwitz mit insgesamt 1000 Juden verlassen. (Darunter erstmalig Kinder.)
Der erfaßte Personenkreis entspricht den gegebenen Richtlinien ...

Fernschreiben des SS-Obersturmführers Röthke, Paris, an das RSHA,
den Inspekteur der Konzentrationslager und das KL Auschwitz, am 14. August 1942

Am Tag des Abtransports wurden die Kinder gewöhnlich um fünf Uhr früh geweckt und im Halbdunkel angezogen. Es war oft kalt um fünf Uhr früh, aber fast alle Kinder gingen sehr leicht bekleidet in den Hof hinunter. Plötzlich aus dem Schlaf geholt, krank vor Schläfrigkeit, begannen die Kleinsten zu weinen, und nach und nach folgten die anderen ihrem Beispiel. Sie wollten nicht in den Hof hinunter, sträubten sich und ließen sich nicht anziehen. Manchmal kam es vor, daß ein ganzes Zimmer mit hundert Kindern, von Panik und unbezwingbarem Entsetzen gepackt, dem beruhigenden Zuspruch der Erwachsenen nicht mehr gehorchten, die vergebens versuchten, sie zum Hinuntergehen zu bewegen. Dann rief man die Gendarmen, die die vor Angst schreienden Kinder auf ihren Armen hinuntertrugen.
Im Hof warteten sie darauf, aufgerufen zu werden; oft antworteten sie auf das Aufrufen ihres Namens falsch. Die Älteren hielten die Kleinen an der Hand und ließen sie nicht los. In jedem Transport gab es eine gewisse Zahl von Kindern, die am Schluß dazugegeben wurden; jene, deren Namen unbekannt waren. Sie wurden auf der Liste mit einem Fragezeichen vermerkt. Es hatte keine große Wichtigkeit: es war zweifelhaft, ob auch nur die Hälfte der unglücklichen Kinder die Reise überstehen würde, und es bestand kein Zweifel, daß die Überlebenden gleich nach ihrer Ankunft vernichtet wurden.
Auf diese Art wurden in zwei Wochen 4000 Kinder, die beim Abtransport ihrer Eltern zurückgeblieben waren, aus Drancy deportiert. Dies geschah in der zweiten Hälfte des Monats August 1942.

Bericht von Georges Wellers   **107**

Der Protest der holländischen Kirchen

Folgende Einzelheiten aus der Kanzelabkündigung, die am Sonntag, den 26. 7. 1942 in allen niederländischen Kirchen *aller* Konfessionen verlesen wurde, seien erwähnt:

1. Die Kirchen erklären sich im Namen von Recht und Gerechtigkeit berufen, *gegen die Judenwegführung und gegen die Arbeiterverschickung nach Deutschland Einspruch zu erheben.*
2. Sie geben in der Kanzelabkündigung der Öffentlichkeit ein Telegramm bekannt, das sie am 11. d. Mts. *an den Reichskommissar gerichtet haben*; es lautet:

„Die unterzeichneten niederländischen Kirchen, schon tief erschüttert durch die Maßregeln gegen die Juden in den Niederlanden, durch die diese ausgeschlossen werden von der Teilnahme am normalen Volksleben, haben mit Entsetzen Kenntnis genommen von den neuen Maßregeln, durch die Männer, Frauen und Kinder und ganze Familien weggeführt werden sollen nach dem deutschen Reichsgebiet und ihm unterstehende Gebiete. Das Leid, das hierdurch über Zehntausende gebracht wird, das Bewußtsein, daß *diese Maßregeln dem tiefsten sittlichen Bewußtsein des niederländischen Volkes widersprechen,* vor allem der in diesen Maßnahmen liegende Eingriff in alles, was uns von Gottes wegen als Recht und Gerechtigkeit auferlegt ist, zwingen die Kirchen, an Sie die dringende Bitte zu richten, diese Maßregel nicht zur Durchführung zu bringen. Für die Christen unter den Juden wird uns diese dringende Bitte an Sie obendrein noch auferlegt durch die Erwägung, daß ihnen durch diese Maßregeln die Teilnahme am kirchlichen Leben abgeschnitten wird.

> Die Niederländische und Reformierte Kirche,
> der Erzbischof und die Bischöfe der röm.-kath. Kirche in den Niederlanden,
> die Calvinistischen Kirchen in den Niederlanden,
> die Allgemeine taufgesinnte Gemeinde,
> die Remonstrantische Bruderschaft,
> die Reformierten Kirchen in den Niederlanden im wiederhergestellten Verband,
> die Reformierten Gemeinden in den Niederlanden,
> die Ev.-Luth. Kirchen in den Niederlanden,
> die Erneuert-ev.-luth. Kirche im Königreich der Niederlande.“

Bericht des Generalkonsuls Otto Bene, den Haag, an das Auswärtige Amt Berlin, vom 31. Juli 1942

Die Stellungnahme des Vatikans

Der Papst hat sich, obwohl dem Vernehmen nach von verschiedenen Seiten bestürmt, zu *keiner demonstrativen Äußerung gegen den Abtransport der Juden aus Rom* hinreißen lassen. Obgleich er damit rechnen muß, daß ihm diese Haltung von Seiten unserer Gegner nachgetragen und von den protestantischen Kreisen in den angelsächsischen Ländern zu propagandistischen Zwecken gegen den Katholizismus ausgewertet wird, hat er *auch in dieser heiklen Frage alles getan, um das Verhältnis zu der Deutschen Regierung und den in Rom befindlichen deutschen Stellen nicht zu belasten.* Da hier in Rom weitere deutsche Aktionen in der Judenfrage nicht mehr durchzuführen sein dürften, *kann also damit gerechnet werden, daß diese für das deutsch-vatikanische Verhältnis unangenehme Frage liquidiert ist.*

Von vatikanischer Seite jedenfalls liegt hierfür ein bestimmtes Anzeichen vor. Der »Osservatore Romano« hat nämlich am 25./26. Oktober an hervorragender Stelle ein offiziöses Kommunique über die Liebestätigkeit des Papstes veröffentlicht, in welchem es in dem für das vatikanische Blatt bezeichnenden Stil, d. h. reichlich gewunden und unklar, heißt, der Papst lasse seine väterliche Fürsorge allen Menschen ohne Unterschied der Nationalität *und Rasse* angedeihen. Die vielgestaltige und unaufhörliche Aktivität Pius XII. habe sich in letzter Zeit infolge der vermehrten Leiden so vieler Unglücklicher verstärkt.

Gegen diese Veröffentlichung sind Einwendungen um so weniger zu erheben, als ihr Wortlaut, der anliegend in Übersetzung vorgelegt wird, von den wenigsten als spezieller Hinweis auf die Judenfrage verstanden werden wird.

Kurierbrief des deutschen Botschafters beim Heiligen Stuhl, Ernst von Weizsäcker, an das Auswärtige Amt Berlin, vom 28. Oktober 1943

Budapest,
Bekanntmachungen

Eine der eindrucksvollsten Manifestationen des Widerstandes war der große Solidaritätsstreik der holländischen Arbeiter am 25. und 26. Februar 1941.

Bei einer Razzia im historischen Judenviertel Amsterdams war es zwischen holländischen Kollaborateuren und Dockarbeitern, die den bedrängten Juden zu Hilfe eilten, zu einem Zusammenstoß gekommen. Ein Polizist wurde verwundet und starb. Sein propagandistisch aufgezogenes Begräbnis führte zu neuen Unruhen.

Daraufhin ließ Himmler am 22. Februar 400 jüdische Geiseln verhaften. Die Unglücklichen, ausnahmslos junge Männer von 20 bis 35 Jahren, wurden aus ihren Wohnungen gezerrt und mit Kolbenschlägen auf dem Jonas-Daniel-Meyerplein zusammengetrieben.

Die holländische Bevölkerung, die sich mit ihren jüdischen Mitbürgern solidarisch fühlte, war empört. Die Widerstandsbewegung verteilte Flugblätter und forderte zum öffentlichen Protest gegen diese Willkürmaßnahme auf.

Am 25. Februar traten die Arbeiter, Angestellten und Beamten der Stadt Amsterdam unter den Augen der deutschen Besatzungsmacht in den Streik. Zaandam, Hilversum, Utrecht und Rotterdam folgten ihrem Beispiel.

Der Wehrmachtsbefehlshaber in den Niederlanden verhängte das Kriegsrecht über Amsterdam und erklärte den Ausnahmezustand. Alle bekannten Arbeiterführer wurden verhaftet, achtzehn Widerstandskämpfer erschossen und viele andere eingekerkert. Vier Polizeibataillone mußten eingesetzt werden, um den Streik niederzuschlagen.

Die jüdischen Geiseln kamen nach Buchenwald und von dort weiter nach Mauthausen, wo sie alle auf bestialische Weise zu Tode gefoltert wurden.

Holland

1. Juden, die das sechste Lebensjahr vollendet haben, ist es verboten, sich in der Öffentlichkeit ohne einen Judenstern zu zeigen.
2. Der Judenstern besteht aus einem handtellergroßen, schwarz ausgezogenen Sechsstern aus gelbem Stoff mit der schwarzen Aufschrift »Jude«. Er ist sichtbar auf der linken Brustseite des Kleidungsstücks fest angenäht zu tragen.

Polizeiverordnung über die Kennzeichnung der Juden in Deutschland vom 1. September 1941

Auf dem Weg zum Sammelplatz

Registrierung *(rechts)*

Es ist vorgesehen, ab Mitte Juli bzw. Anfang August dieses Jahres in täglich verkehrenden Sonderzügen zu je 1000 Personen zunächst etwa 40000 Juden aus dem besetzten französischen Gebiet, 40000 Juden aus den Niederlanden und 10000 Juden aus Belgien zum Arbeitseinsatz in das Lager Auschwitz abzubefördern...
Ich darf um gefällige Kenntnisnahme bitten und nehme an, daß auch seitens des Auswärtigen Amtes Bedenken gegen diese Maßnahme nicht bestehen.

Eichmann, RSHA, an Legationsrat Rademacher, Auswärtiges Amt, am 22. Juni 1942

Amsterdam, Sommer 1943

Protestiert gegen die abscheuliche Judenverfolgung!!!
Organisiert die Selbstverteidigung in den Betrieben und Stadtteilen!!!
Seid solidarisch mit dem schwer getroffenen jüdischen Teil des arbeitenden Volkes!!!
Entzieht die jüdischen Kinder der Nazi-Gewalt, nehmt sie in Eure Familien auf!!!
Streikt!!! Streikt!!! Streikt!!!
Seid solidarisch!!! Seid mutig!!!
Streitet stolz für die Befreiung unseres Landes!!!

Illegales holländisches Flugblatt

Abtransport nach Auschwitz

Das Wichtigste ist mir nach wie vor, daß jetzt an Juden nach dem Osten abgefahren wird, was überhaupt nur menschenmöglich ist. In den kurzen Monatsmeldungen der Sicherheitspolizei will ich lediglich mitgeteilt bekommen, was monatlich abgefahren worden ist und was zu diesem Zeitpunkt noch an Juden übrigblieb.

Heinrich Himmler am 19. April 1943

Das Vernichtungslager

Die Konzentrationslager mit ihren zahllosen Nebenlagern und Außenkommandos breiteten sich wie ein riesiges Netz über ganz Deutschland. Sie waren aus jeder größeren Stadt leicht zu erreichen. Ihre Namen drangen in alle Welt. Dachau, Buchenwald, Mauthausen, Ravensbrück brachten den Völkern Europas eine neue deutsche Geographie bei. Und es wurden überall in den besetzten Gebieten immer neue Lager errichtet. Es gab verschiedene Kategorien, verschiedene Grade der Grausamkeit, aber überall erwarteten den Häftling viehische Mißhandlung, Hunger, Krankheit, Schwerarbeit und Tod. Die Menschen starben vor Erschöpfung, wurden ermordet oder stürzten sich aus Verzweiflung selbst in den stromgeladenen Stacheldraht.

Das monströse Programm der »Endlösung« erforderte andere Methoden. In Deutschland hatte man bereits unter dem Vorwand der »Euthanasie« Geisteskranke in luftdichten Kammern durch Gas erstickt. Nun wurde dieses Verfahren im großen Stil angewandt. Auf polnischem Boden entstanden die Vernichtungslager, in denen außer einem Aufräumungskommando keine Häftlinge lebten: Chelmno, Belzec, Sobibor und Treblinka. Hier wurden die Menschen unmittelbar nach ihrer Ankunft getötet. Es gab auch kombinierte Vernichtungs- und Konzentrationslager wie Majdanek und vor allem Auschwitz-Birkenau, der größte Zwangsarbeits-Konzern in Hitlers Reich und gleichzeitig das größte Menschenschlachthaus, das mit vier Krematorien eine »Tageskapazität« von über 9000 vergaster und verbrannter Menschen erreichte. Mit den Gaskammern wurde der Massenmord industrialisiert. Es kamen mehr Menschen, als man je hätte erschießen können. Die Todesfabriken verschluckten sie alle. Und wer nicht im Gas erstickte, der wurde durch Arbeit getötet, und wer nicht jetzt starb, starb in einem Vierteljahr.

Diejenigen, die bei der Selektion als arbeitsfähig aussortiert werden, erwartet die Hölle auf Erden. Weder Bilder noch Texte können uns am eigenen Leibe fühlen lassen, was es heißt, acht Stunden bei glühender Sonne Strafappell zu stehen oder in Schneewasser auf 28 Grad unterkühlt zu werden; auf den Prügelbock geschnallt zu sein oder der Erhängung von Kameraden zuzusehen; mit vor Schwäche zitterndem Körper schwere Zementsäcke zu schleppen oder zur Belustigung der Aufseher Kniebeugen zu machen, und dabei zu wissen, daß totgeprügelt wird, wer zusammenbricht.

Dies ist der indirekte Weg in den Tod; ein Leben unter der ständigen Drohung der rauchenden Kamine – auf kurze Zeit noch einmal verliehen zum Nutzen der Verleiher. »Vernichtung durch Arbeit« nennt man das offiziell. Für drei Reichsmark pro Tag vermietet die SS die Häftlinge als billige Arbeitskraft an die schlesischen Kohlengruben und die verlagerten Rüstungsbetriebe, die sich wie Parasiten in der Nähe des Lagers niederlassen: Siemens-Schuckert, Krupp und vor allem IG-Farben, die sogar ein eigenes Nebenlager errichten. Frauen wie Männer arbeiten bis zum physischen Zusammenbruch – eine moderne Sklavenarmee, die ihre »unbrauchbar« gewordenen Gefangenen täglich an die Gaskammern abgibt und durch immer neue Transporte wieder aufgefüllt wird.

So wurde der Mord zum Geschäft. Das System der Ausbeutung und Verwertung des Menschen war lückenlos. Man beraubte ihn seiner Wertsachen und Kleider, tötete seine arbeitsunfähigen Familienangehörigen, benutzte seine Arbeitskraft bis zur totalen physischen Erschöpfung oder verstümmelte seinen Körper durch medizinische Experimente, zog noch aus der Leiche die Goldzähne und verwandte ihre Asche als Dünger. Man tötete die Menschen einzeln und waggonweise und führte Buch über den Mord, weil man wissen wollte, was man tat, weil es die Vorgesetzten wissen sollten und weil man nicht für möglich hielt, daß dies je ein Ende nehmen könnte.

Jahrelang rollten die Transporte. Das Auswärtige Amt sorgte für die diplomatische Absicherung nach außen, die Gestapo organisierte den Menschenfang, das Verkehrsministerium stellte die Fahrpläne zusammen und die Lagerkommandantur in Auschwitz baute immer größere Vernichtungsanlagen.

Man liest die Schilderungen der wenigen, die dieses Inferno überlebten, und die unglaublichen Aktenvermerke der Mörder, die ihre Angaben bestätigen. Je mehr man liest, desto weniger kann man es fassen. Und doch vermag keiner dieser Berichte die Wirklichkeit zu erreichen. Die menschliche Sprache hat keine Worte dafür.

Ein Augenzeuge berichtet

Am anderen Tage fuhren wir nach Belcec. Ein kleiner Spezialbahnhof war zu diesem Zweck an einem Hügel hart nördlich der Chaussee Lublin–Lemberg im linken Winkel der Demarkationslinie geschaffen worden. Südlich der Chaussee einige Häuser mit der Inschrift »Sonderkommando Belcec der Waffen-SS«. Da der eigentliche Chef der gesamten Tötungsanlagen, der Polizeihauptmann Wirth, noch nicht da war, stellte Globocnek mich dem SS-Hauptsturmführer Obermeyer (aus Pirmasens) vor. Dieser ließ mich an jenem Nachmittag nur das sehen, was er mir eben zeigen mußte. Ich sah an diesem Tag keine Toten, nur der Geruch der ganzen Gegend im heißen August war pestilenzartig, und Millionen von Fliegen waren überall zugegen. – Dicht bei dem kleinen zweigleisigen Bahnhof war eine große Baracke, die sogenannte Garderobe, mit einem großen Wertsachenschalter. Dann folgte ein Zimmer mit etwa 100 Stühlen, der Friseurraum. Dann eine kleine Allee im Freien unter Birken, rechts und links von doppeltem Stacheldraht umzäunt, mit Inschriften: Zu den Inhalier- und Baderäumen! – Vor uns eine Art Badehaus mit Geranien, dann ein Treppchen, und dann rechts und links je 3 Räume 5 x 5 Meter, 1,90 Meter hoch, mit Holztüren wie Garagen. An der Rückwand, in der Dunkelheit nicht recht sichtbar, große hölzerne Rampentüren. Auf dem Dach als »sinniger, kleiner Scherz« der Davidstern!! – Vor dem Bauwerk eine Inschrift: Heckenholt-Stiftung! – Mehr habe ich an jenem Nachmittag nicht sehen können. Am anderen Morgen kurz vor sieben kündigt man mir an: In zehn Minuten kommt der erste Transport! – Tatsächlich kam nach einigen Minuten der erste Zug von Lemberg aus an. 45 Waggons mit 6700 Menschen, von denen 1450 schon tot waren bei ihrer Ankunft. Hinter den vergitterten Luken schauten, entsetzlich bleich und ängstlich, Kinder durch, die Augen voller Todesangst, ferner Männer und Frauen. Der Zug fährt ein: 200 Ukrainer reißen die Türen auf und peitschen die Leute mit ihren Lederpeitschen aus den Waggons heraus. Ein großer Lautsprecher gibt die weiteren Anweisungen: Sich ganz ausziehen, auch Prothesen, Brillen usw. Die Wertsachen am Schalter abgeben, ohne Bons oder Quittung. Die Schuhe sorgfältig zusammenbinden (wegen der Spinnstoffsammlung), denn in dem Haufen von reichlich 25 Meter Höhe hätte sonst niemand die zugehörigen Schuhe wieder zusammenfinden können. Dann die Frauen und Mädchen zum Friseur, der mit zwei, drei Scherenschlägen die ganzen Haare abschneidet und sie in Kartoffelsäcken verschwinden läßt. »Das ist für irgendwelche Spezialzwecke für die U-Boote bestimmt, für Dichtungen oder dergleichen!« sagt mir der SS-Unterscharführer, der dort Dienst tut. – Dann setzt sich der Zug in Bewegung. Voran ein bildhübsches junges Mädchen, so gehen sie alle die Allee entlang, alle nackt, Männer, Frauen, Kinder, ohne Prothesen. Ich selbst stehe mit dem Hauptmann Wirth oben auf der Rampe zwischen den Kammern. Mütter mit ihren Säuglingen an der Brust, sie kommen herauf, zögern, treten ein in die Todeskammern! – An der Ecke steht ein starker SS-Mann, der mit pastoraler Stimme zu den Armen sagt: »Es passiert euch nicht das Geringste! Ihr müßt nur in den Kammern tief Atem holen, das weitet die Lungen, diese Inhalation ist notwendig wegen der Krankheiten und Seuchen.« Auf die Frage, was mit ihnen geschehen würde, antwortet er: »Ja, natürlich, die Männer müssen arbeiten, Häuser und Chausseen bauen, aber die Frauen brauchen nicht zu arbeiten. Nur wenn sie wollen, können sie im Haushalt oder in der Küche mithelfen.« – Für einige von diesen Armen ein kleiner Hoffnungsschimmer, der ausreicht, daß sie ohne Widerstand die paar Schritte zu den Kammern gehen – die Mehrzahl weiß Bescheid, der Geruch kündet ihnen ihr Los! – So steigen sie die kleine Treppe herauf, und dann sehen sie alles. Mütter mit Kindern an der Brust, kleine nackte Kinder, Erwachsene, Männer, Frauen, alle nackt – sie zögern, aber sie treten in die Todeskammern, von den anderen hinter ihnen vorgetrieben oder von den Lederpeitschen der SS getrieben. Die Mehrzahl ohne ein Wort zu sagen. Eine Jüdin von etwa 40 Jahren, mit flammenden Augen, ruft das Blut, das hier vergossen wird, über die Mörder. Sie erhält 5 oder 6 Schläge mit der Reitpeitsche ins Gesicht, vom Hauptmann Wirth persönlich, dann verschwindet auch sie in der Kammer. Viele Menschen beten. Ich bete mit ihnen, ich drücke mich in eine Ecke und schreie laut zu meinem und ihrem Gott. Wie gerne wäre ich mit ihnen in die Kammer gegangen, wie gerne wäre ich ihren Tod mitgestorben. Sie hätten dann einen uniformierten SS-Offizier in ihren Kammern gefunden – die Sache wäre als Unglücksfall aufgefaßt und behandelt worden, sang- und klanglos verschollen. Noch also darf ich nicht. Ich muß noch zuvor verkünden, was ich hier erlebe! – Die Kammern füllen sich. Gut vollpacken – so hat es der Hauptmann Wirth befohlen. Die Menschen stehen einander auf den Füßen. 700 bis 800 auf 25 Quadratmetern, in 45 Kubikmetern! Die SS zwängt sie physisch zusammen, soweit es überhaupt geht. – Die Türen schließen sich. Währenddessen warten die anderen draußen im Freien nackt ... Jetzt endlich verstehe ich auch,

warum die ganze Einrichtung Heckenholt-Stiftung heißt. Heckenholt ist der Chauffeur des Dieselmotors, ein kleiner Techniker, gleichzeitig Erbauer dieser Anlage. Mit den Dieselauspuffgasen sollen die Menschen zu Tode gebracht werden. Aber der Diesel funktioniert nicht! Der Hauptmann Wirth kommt. Man sieht, es ist ihm peinlich, daß das gerade heute passieren muß, wo ich hier bin. Jawohl, ich sehe alles! und ich warte. Meine Stoppuhr hat alles brav registriert. 50 Minuten, 70 Sekunden – der Diesel springt nicht an! Die Menschen warten in ihren Gaskammern. Vergeblich! Man hört sie weinen, schluchzen ... Der Hauptmann Wirth schlägt mit seiner Reitpeitsche den Ukrainer, der dem Unterscharführer Heckenholt beim Diesel helfen soll, 12-, 13mal ins Gesicht. Nach zwei Stunden 49 Minuten – die Stoppuhr hat alles wohl registriert – springt der Diesel an. Bis zu diesem Augenblick leben die Menschen in diesen 4 Kammern, viermal 750 Menschen in 4 mal 45 Kubikmetern! – Von neuem verstreichen 25 Minuten. Richtig, viele sind jetzt tot. Man sieht das durch das kleine Fensterchen, in dem das elektrische Licht die Kammern einen Augenblick beleuchtet. Nach 28 Minuten leben nur noch wenige. Endlich, nach 32 Minuten ist alles tot! –
Von der anderen Seite öffnen Männer vom Arbeitskommando die Holztüren. Man hat ihnen – selbst Juden – die Freiheit versprochen und einen gewissen Promillesatz von allen gefundenen Werten für ihren schrecklichen Dienst. Wie Basaltsäulen stehen die Toten aufrecht aneinandergepreßt in den Kammern. Es wäre auch kein Platz, hinzufallen oder auch nur sich vornüber zu neigen. Selbst im Tode noch kennt man die Familien. Sie drücken sich, im Tode verkrampft, noch die Hände, so daß man Mühe hat, sie auseinander zu reißen, um die Kammern für die nächste Charge frei zu machen. Man wirft die Leichen – naß von Schweiß und Urin, kotbeschmutzt, Menstruationsblut an den Beinen, heraus. Kinderleichen fliegen durch die Luft. Man hat keine Zeit. Die Reitpeitschen der Ukrainer sausen auf die Arbeitskommandos. Zwei Dutzend Zahnärzte öffnen mit Haken den Mund und sehen nach Gold. Gold links, ohne Gold rechts. Andere Zahnärzte brechen mit Zangen und Hämmern die Goldzähne und Kronen aus den Kiefern. – ... Die nackten Leichen wurden auf Holztragen nur wenige Meter weit in Gruben von 100 mal 20 mal 12 Meter geschleppt. Nach einigen Tagen gärten die Leichen hoch und fielen alsdann kurze Zeit später stark zusammen, so daß man eine neue Schicht auf dieselben draufwerfen konnte. Dann wurden zehn Zentimeter Sand darüber gestreut, so daß nur noch vereinzelte Köpfe und Arme herausragten. – Ich sah an einer solchen Stelle Juden in den Gräbern auf den Leichen herumklettern und arbeiten. Man sagte mir, daß versehentlich die tot Angekommenen eines Transportes nicht entkleidet worden seien. Dies müßte natürlich wegen der Spinnstoffe und Wertsachen, die sie sonst mit ins Grab nähmen, nachgeholt werden. Weder in Belcec noch in Treblinka hat man sich irgendeine Mühe gegeben, die Getöteten zu registrieren oder zu zählen. Die Zahlen waren nur Schätzungen nach dem Waggoninhalt ...
Am anderen Tage – dem 19. August 1942 – fuhren wir mit dem Auto des Hauptmanns Wirth nach Treblinka, 120 km NNO von Warschau. Die Einrichtung war etwa dieselbe, nur viel größer als in Belcec. Acht Gaskammern und wahre Gebirge von Koffern, Textilien und Wäsche. Zu unseren Ehren wurde im Gemeinschaftssaal im typisch Himmlerschen altdeutschen Stil ein Bankett gegeben. Das Essen war einfach, aber es stand alles in jeder Menge zur Verfügung. Himmler selbst hatte angeordnet, daß die Männer dieser Kommandos soviel Fleisch, Butter und sonstiges erhielten, insbesondere Alkohol, wie sie wollten.
Wir fuhren dann mit dem Auto nach Warschau. Dort traf ich, als ich vergeblich ein Schlafwagenbett zu erhalten versuchte, im Zug den Sekretär der Schwedischen Gesandtschaft in Berlin, Baron von Otter. Ich habe, noch unter dem frischen Eindruck der entsetzlichen Erlebnisse, diesem alles erzählt mit der Bitte, dies seiner Regierung und den Alliierten sofort zu berichten, da jeder Tag Verzögerung weiteren Tausenden und Zehntausenden das Leben kosten müsse ... Ich traf dann Herrn von Otter noch zweimal in der Schwedischen Gesandtschaft. Er hatte inzwischen nach Stockholm berichtet und teilte mir mit, daß dieser Bericht erheblichen Einfluß auf die schwedisch-deutschen Beziehungen gehabt habe. Ich versuchte, in gleicher Sache dem Päpstlichen Nuntius in Berlin Bericht zu erstatten. Dort wurde ich gefragt, ob ich Soldat sei. Daraufhin wurde jede weitere Unterhaltung mit mir abgelehnt, und ich wurde zum Verlassen der Botschaft seiner Heiligkeit aufgefordert. Beim Verlassen der Päpstlichen Botschaft wurde ich von einem Polizisten mit dem Rade verfolgt, der kurz an mir vorbeifuhr, abstieg, mich dann aber völlig unbegreiflicherweise laufen ließ. Ich habe dann alles dies Hunderten von Persönlichkeiten berichtet, u. a. dem Syndikus des katholischen Bischofs von Berlin, Herrn Dr. Winter, mit der ausdrücklichen Bitte um Weitergabe an den päpstlichen Stuhl.

135

Niederschrift des SS-Obersturmführers Kurt Gerstein am 4. Mai 1945 in Rottweil

Der Kommandant von Auschwitz gibt zu Protokoll

Ich, Rudolf Ferdinand Höß, sage nach vorhergehender rechtmäßiger Vereidigung aus und erkläre wie folgt:

1. Ich bin sechsundvierzig Jahre alt und Mitglied der NSDAP seit 1922; Mitglied der SS seit 1934; Mitglied der Waffen-SS seit 1939. Ich war Mitglied ab 1. Dezember 1934 des SS-Wachverbandes, des sogenannten Totenkopfverbandes.

2. Seit 1934 hatte ich unausgesetzt in der Verwaltung von Konzentrationslagern zu tun und tat Dienst in Dachau bis 1938; dann als Adjutant in Sachsenhausen von 1938 bis zum 1. Mai 1940, zu welcher Zeit ich zum Kommandanten von Auschwitz ernannt wurde. Ich befehligte Auschwitz bis zum 1. Dezember 1943 und schätze, daß mindestens 2 500 000 Opfer dort durch Vergasung und Verbrennen hingerichtet und ausgerottet wurden; mindestens eine weitere halbe Million starben durch Hunger und Krankheit, was eine Gesamtzahl von ungefähr 3 000 000 Toten ausmacht. Diese Zahl stellt ungefähr 70 oder 80 Prozent aller Personen dar, die als Gefangene nach Auschwitz geschickt wurden; die übrigen wurden ausgesucht und für Sklavenarbeit in den Industrien des Konzentrationslagers verwendet. Unter den hingerichteten verbrannten Personen befanden sich ungefähr 20 000 russische Kriegsgefangene ... Der Rest der Gesamtzahl der Opfer umfaßte ungefähr 100 000 deutsche Juden und eine große Anzahl von Einwohnern, meistens Juden, aus Holland, Frankreich, Belgien, Polen, Ungarn, Tschechoslowakei, Griechenland oder anderen Ländern. Ungefähr 400 000 ungarische Juden wurden allein in Auschwitz im Sommer 1944 von uns hingerichtet.

6. Die »Endlösung« der jüdischen Frage bedeutete die vollständige Ausrottung aller Juden in Europa. Ich hatte den Befehl, Ausrottungserleichterungen in Auschwitz im Juni 1942 zu schaffen. Zu jener Zeit bestanden schon drei weitere Vernichtungslager im Generalgouvernement: Belzec, Treblinka und Wolzek. Diese Lager befanden sich unter dem Einsatzkommando der Sicherheitspolizei und des SD. Ich besuchte Treblinka, um festzustellen, wie die Vernichtungen ausgeführt wurden. Der Lagerkommandant von Treblinka sagte mir, daß er 80 000 im Laufe eines halben Jahres liquidiert hätte. Er hatte hauptsächlich mit der Liquidierung aller Juden aus dem Warschauer Ghetto zu tun. Er wandte Monoxyd-Gas an, und nach seiner Ansicht waren seine Methoden nicht sehr wirksam. Als ich das Vernichtungsgebäude in Auschwitz errichtete, gebrauchte ich also Zyklon B, eine kristallisierte Blausäure, die wir in die Todeskammer durch eine kleine Öffnung einwarfen. Es dauerte 3 bis 15 Minuten, je nach den klimatischen Verhältnissen, um die Menschen in der Todeskammer zu töten. Wir wußten, wenn die Menschen tot waren, weil ihr Kreischen aufhörte. Wir warteten gewöhnlich eine halbe Stunde, bevor wir die Türen öffneten und die Leichen entfernten. Nachdem die Leichen fortgebracht waren, nahmen unsere Sonderkommandos die Ringe ab und zogen das Gold aus den Zähnen der Körper.

7. Eine andere Verbesserung gegenüber Treblinka war, daß wir Gaskammern bauten, die 2000 Menschen auf einmal fassen konnten, während die zehn Gaskammern in Treblinka nur je 200 Menschen faßten. Die Art und Weise, wie wir unsere Opfer auswählten, war folgendermaßen: zwei SS-Ärzte waren in Auschwitz tätig, um die einlaufenden Gefangenentransporte zu untersuchen. Die Gefangenen mußten bei einem der Ärzte vorbeigehen, der bei ihrem Vorbeimarsch durch Zeichen die Entscheidung fällte. Diejenigen, die zur Arbeit taugten, wurden ins Lager geschickt. Andere wurden sofort in die Vernichtungsanlagen geschickt. Kinder im zarten Alter wurden unterschiedslos vernichtet, da auf Grund ihrer Jugend sie unfähig waren, zu arbeiten. Noch eine andere Verbesserung, die wir gegenüber Treblinka machten, war diejenige, daß in Treblinka die Opfer fast immer wußten, daß sie vernichtet werden sollten, während in Auschwitz wir uns bemühten, die Opfer zum Narren zu halten, indem sie glaubten, daß sie ein Entlausungsverfahren durchzumachen hätten. Natürlich erkannten sie auch häufig unsere wahren Absichten und wir hatten deswegen manchmal Aufruhr und Schwierigkeiten. Sehr häufig wollten Frauen ihre Kinder unter den Kleidern verbergen, aber wenn wir sie fanden, wurden die Kinder natürlich zur Vernichtung hineingesandt. Wir sollten diese Vernichtungen im Geheimen ausführen, aber der faule und Übelkeit erregende Gestank, der von der ununterbrochenen Körperverbrennung ausging, durchdrang die ganze Gegend, und alle Leute, die in den umliegenden Gemeinden lebten, wußten, daß in Auschwitz Vernichtungen im Gange waren.

Eidesstattliche Erklärung des KZ-Kommandanten Höß
am 5. April 1946 in Nürnberg

Von Berlin schriftlich Führergütter, Koppel 1. September 1942
und Rosenträger angefordert. Nachmittags bei
der Vergasung eines Blocks mit Zyklon B gegen
die Läuse.

Zum 1. Male draußen um 3 Uhr früh 2. September 1942
bei einer Sonderaktion zugegen. Im
Vergleich hierzu erscheint mir das
Dante'sche Inferno fast wie eine Ko-
mödie. Umsonst wird Auschwitz nicht das
Lager der Vernichtung genannt!

Zum 1. Male an der hier im Lager jeden 3. September 1942
befallenden Durchfällen mit Erbrechen
und kolikartigen anfallsweisen Schmerzen erkrankt. Da ich keinen Tropfen
Wasser getrunken, kann es hieran nicht
liegen. Auch das Brot kann es nicht schuld
sein, da auch solche erkranken, die nur
Weißbrot (Zwieback) zu sich genommen
haben. Höchstwahrscheinlich liegt's an
dem unglaublichen heftigen starken und
sehr trockenen Tropenklima mit seinen
Staub- und Ungeziefermassen (Fliegen).

Gegen die Durchfälle: 1 Tag Schleimsuppen 7. September 1942
und 3 Eßlöffel dazu Diät für eine
Woche. Zwischendurch Kohle und dann
albin. Schon erhebliche Besserung.

Heute mittag bei einer Sonderaktion aus dem 5. September 1942
F.K.L. (Muselmänner): das Schrecklichste der
Schrecken. Hschf. Thilo hat Recht, wenn er mir   Truppenarzt.
heute sagte, wir befänden uns hier am anus
mundi. Abends gegen 8 Uhr wieder bei einer
Sonderaktion aus Holland. Wegen der dabei ab-
fallenden Sonderverpflegung, bestehend aus einem
Fünftel Liter Schnaps, 5 Zigaretten 100 g Wurst
und Brot, drängen sich die Männer zu solchen
Aktionen. Heute und morgen (Sonntag) Dienst.

Häftlinge sagen aus

Kai Feinberg: Der Transport von Stettin nach Auschwitz dauerte drei Tage und drei Nächte. Wir wurden in Viehwaggons transportiert, etwa 45 Personen, Männer, Frauen und Kinder in einem geschlossenen Waggon. Während der ganzen drei Tage und drei Nächte haben wir nichts zu essen und nichts zu trinken bekommen, und es war uns nicht erlaubt, unsere Notdurft anderswo als im Waggon zu verrichten. Der Waggon war verschlossen.

Marc Klein: Als man unseren Waggon endlich öffnete, trieben uns SS und Häftlinge in gestreiften Anzügen brutal und mit Stockhieben heraus und jagten uns bis ans äußerste Ende der Rampe. Die Männer wurden von Frauen und Kindern getrennt, wobei es herzzerreißende Szenen gab. In Windeseile passierten wir die Kontrolle eines SS-Arztes, der uns durch Zeichen mit seinem Stock in zwei Gruppen teilte.
Bald bestand meine Gruppe aus etwa 200 Köpfen. Meistens junge Männer und solche, die besonders gesund aussahen. Wir mußten uns in fünf Gliedern aufstellen und traten dann den Marsch nach dem vier Kilometer entfernten Auschwitz an ... Es dauerte Wochen und Monate, bevor wir endlich langsam begriffen, daß die Einteilung auf der Rampe von Birkenau nur das Vorspiel zur völligen Vernichtung darstellte, und daß mit Ausnahme junger, gesunder Frauen, ausnahmslos alle Verschleppten, die wir auf der Rampe verließen, noch am gleichen Tage vergast und verbrannt wurden.

Marie Claude Vaillant-Couturier: Dann wurden wir zu dem Block geführt, wo wir wohnen sollten. Es gab keine Betten, sondern nur Holzpritschen, in der Größe von zwei mal zwei Metern, auf denen wir zu neunt ohne Strohsäcke und ohne Decken während der ersten Nacht zu schlafen hatten. Wir verbrachten mehrere Monate in Blocks dieser Art. Während der ganzen Nacht konnte man nicht schlafen, denn jedesmal, wenn eine dieser neun Frauen sich rührte, störte sie die anderen, und da alle krank waren, geschah dies unaufhörlich. Um 3.30 Uhr morgens weckte uns das Geschrei der Aufseherinnen. Mit Knüppelschlägen wurden wir von den Pritschen gejagt und zum Appell getrieben. Nichts in der Welt konnte uns von diesem Appell dispensieren. Selbst die Sterbenden mußten hingeschleppt werden. Dort standen wir in Reihen zu fünf, bis der Tag anbrach, das heißt bis 7 oder 8 Uhr morgens im Winter, und wenn es nebelig war, manchmal bis mittags; nachher machten sich die Kommandos auf ihren Weg zur Arbeit.
Die Arbeit in Auschwitz bestand in der Räumung von zerstörten Häusern, in Straßenbau, und vor allem in der Trockenlegung von Sümpfen ... Während der ganzen Arbeitszeit wachten die männlichen und weiblichen SS-Aufseher über uns und versetzten uns Knüppelschläge oder ließen ihre Hunde auf uns los. Vielen Kameradinnen wurden die Beine von den Hunden zerrissen.

Noack Treister: Ein Kommando von 100 Mann verlor etwa täglich 10 Häftlinge. Die Häftlinge starben an Unterernährung, an Folgen von Betriebsunfällen usw. Die Verpflegung war schlecht und die Kleidung unzureichend ... Waschmöglichkeiten und Seife, um die Kleidung sauber zu halten, gab es nicht. Die Wäsche, die ich ausgab, kam von den Vergasten in Birkenau.

Grégroire Afrine: Es gab immer öffentliche Hängungen. Ich entsinne mich an durchschnittlich zwei bis drei Hängungen pro Woche. Die Vorwände waren nichtig. Ich entsinne mich auf den Fall eines jungen Franzosen, der sich gerade seinem siebzehnten Geburtstag näherte. Um irgendeine Art von Feier zu haben, gelang es ihm, ein Stück Brot und eine halbe Dose Marmelade in seinen Besitz zu bringen. Er wurde von der SS ertappt und aufgehängt. Die Strafvollstreckungen waren öffentlich und das Urteil wurde vor der Strafvollstreckung in deutsch und der Muttersprache des verurteilten Mannes verlesen. Der Galgen wurde auf dem großen Antrittsplatz, der für den Appell bestimmt war, errichtet.

Robert Levy: Wie lange durfte man mit dem Aufschub des Todes rechnen? In Birkenau bestand dieser Aufschub für einen im Arbeitskommando arbeitenden Häftling in zwei bis drei Monaten. Bei Ablauf dieser Frist sah er wie ein Skelett aus ... Der Faustschlag eines SS-Mannes, ein Hieb mit dem Knüppel des Aufsehers genügten, um ihn so zu erledigen, daß er bei der nächsten »Selektion« unweigerlich geschnappt wurde.

Zwangsarbeit für die Großindustrie

Anläßlich eines Abendessens, das uns die Leitung des Konzentrationslagers gab, haben wir weiterhin alle Maßnahmen festgelegt, welche die Einschaltung des wirklich hervorragenden Betriebes des KZ-Lagers zugunsten der Buna-Werke betreffen.

Dr. Otto Ambros, Vorstandsmitglied der IG-Farben, Ludwigshafen, an die Direktion, am 12. April 1941

Ende 1941 wurde dem Vorstand der IG-Farben von dem IG-Bunawerk Auschwitz (durch Ambros und Bütefisch) aus Zweckmäßigkeitsgründen die Errichtung des Konzentrationslagers Monowitz auf dem IG-Gelände Auschwitz vorgeschlagen. Der Kostenvoranschlag für die Errichtung des Lagers Monowitz wurde dem Technischen Ausschuß und von diesem dem Vorstand übergeben und von letzterem gebilligt. Das IG-Bunawerk Auschwitz war nicht nur für die Unterbringung, sondern auch für die Verpflegung und Beaufsichtigung der Konzentrationslagerhäftlinge an ihrer Arbeitsstelle verantwortlich.

Karl Krauch, Aufsichtsratsvorsitzender der IG-Farben, im IG-Farben-Prozeß

Wir wurden in dem Sonderkonzentrationslager Monowitz untergebracht. Die Bedingungen waren unerträglich ... Am ersten Arbeitstag, Vorabend vor Weihnachten, 24. Dezember 1942, mußten wir ohne Essen bis 3.00 Uhr morgens des 25. Dezember durcharbeiten. Unser Dienst bestand im Ausladen von Waggons, Eisenstangen und Zementsäcken und schweren Öfen ...
Am 5. Januar 1943 war mein Vater bereits derartig geschwächt, daß er, als er im Laufschritt einen solchen 50 Kilo schweren Zementsack schleppen mußte, vor meinen Augen zusammenbrach. Ich wollte ihm helfen, wurde aber von einem SS-Mann mit einem Stock geschlagen und zurückgestoßen ...
Ein Bruder meines Vaters verletzte sich während der Arbeit am Arm und wurde vergast. Der zweite Bruder meines Vaters ist ungefähr ein oder zwei Wochen nach dem Tode meines Vaters aus Schwäche in Buna während der Arbeit gestorben.
Ich selbst hielt die Arbeit bis 15. Januar 1943 aus; dann bekam ich Lungenentzündung und arbeitete wieder vom 15. Februar bis Ende Februar. Dann wurde ich als arbeitsunfähig erklärt, weil ich nicht mehr gehen konnte und zur Vergasung bestimmt. Zufälligerweise kam aber an diesem Tage kein Lastauto, das zu den Vergasungskammern ging, in das Bunawerk und ich wurde daher in das Konzentrationslager Auschwitz zurückgebracht ...

Kai Feinberg, ehemaliger Häftling, im Nürnberger Prozeß

Selektionen fanden alle 3-6 Wochen außer im Krankenbau von Monowitz auf dem Appellplatz und beim Tor von Monowitz beim Ausrücken der Häftlinge statt. Die selektierten Häftlinge wurden auf einen offenen Lastwagen geworfen – ohne Schuhe und ohne Leibwäsche – (dies auch im Winter) und abtransportiert. Diese Häftlinge sträubten sich oft dagegen und schrien. Solche Wagen mußten teilweise durch das IG-Werksgelände fahren ...

Leon Staischak, ehemaliger Häftling, im Nürnberger Prozeß

Buna (Monowitz) selbst hatte etwa 10000 Häftlinge. In der Schreibstube von Monowitz war eine Kartei sämtlicher Häftlinge, die während der Zeit vom Oktober 1942 bis zur Auflösung des Lagers im Januar 1945 durch Monowitz oder seine Nebenlager gegangen sind. Die Kartei der Toten war ungleich größer als die der Lebenden. Ich schätze – ich wiederhole, daß ich lange Zeit Leiter der Schreibstube war –, daß dem Lebenstand von Buna (Monowitz) mit ca. 10000 Häftlingen am Schluß ein Totenstand von ca. 120000 Häftlingen gegenüberstand und der Gesamtziffer der Nebenlager von 35000 ein ungefährer Totenstand von 250000.

Dr. Gustav Herzog, ehemaliger Häftling, im Nürnberger Prozeß

Die Buchhaltung des Todes

Reichssicherheitshauptamt   Dr. Berlin Nü. Nr. 229793 16. 12. 1942 2100 – Gr. –
Nachrichtenübermittlung

An Reichsführer SS
z. Z. Feldkommandostelle   Dringend – geheim –

Im Zuge der bis 30. 1. 1943 befohlenen verstärkten Zuführung von Arbeitskräften in die Kl. kann auf dem Gebiet des Judensektors wie folgt verfahren werden:
1. Gesamtzahl: 45 000 Juden.
2. Transportbeginn: 11. 1. 1943
Transportende: 31. 1. 1943 (Die Reichsbahn ist nicht in der Lage, in der Zeit vom 15. 12. 1942 bis 10. 1. 1943 infolge des verstärkten Wehrmachturlauberverkehrs Sonderzüge für die Evakuierung bereitzustellen.)
3. Aufgliederung: Die 45 000 Juden verteilen sich auf 30 000 Juden aus dem Bezirk Bialystok. – 10 000 Juden aus dem Ghetto Theresienstadt. Davon 5000 arbeitsfähige Juden, die bisher für im Ghetto erforderliche kleinere Arbeiten eingesetzt waren und 5000 im allgemeinen arbeitsunfähige, auch über 60 Jahre alte Juden, um bei dieser Gelegenheit den im Interesse des Ausbaues des Ghettos zu hohen Lagerstand von 48 000 etwas herunterzudrücken. Hierfür bitte ich Sondergenehmigung zu erteilen ... – 3000 Juden aus den besetzten niederländischen Gebieten. – 2000 Juden aus Berlin. 45 000. In der Zahl von 45 000 ist der *arbeitsunfähige* Anhang (alte Juden und Kinder) mit inbegriffen. Bei Anlegung eines zweckmäßigen Maßstabes fallen bei der Ausmusterung der ankommenden Juden in Auschwitz mindestens 10 000 bis 15 000 Arbeitskräfte an.

Der Chef der Sicherheitspolizei und des SD
I. V.: gez. Müller, SS-Gruppenführer

W.V. – Hauptamt   8. März 1943
Amt D II
Oranienburg

Betrifft: Abtransport von jüdischen Rüstungsarb.
Am 5. und 7. März trafen folgende jüdische Häftlingstransporte ein: *Transport aus Berlin*, Eingang 5. März 43, Gesamtstärke 1128 Juden. Zum Arbeitseinsatz gelangten 389 Männer (Buna) und 96 Frauen. Sonderbehandelt wurden 151 Männer und 492 Frauen und Kinder. *Transport aus Breslau*, Eingang 5. März 43, Gesamtstärke 1405 Juden. Zum Arbeitseinsatz gelangten 406 Männer (Buna) und 190 Frauen. Sonderbehandelt wurden 125 Männer und 684 Frauen und Kinder.
Transport aus Berlin, Eingang 7. März 43, Gesamtstärke 690 einschließlich 25 Schutzhäftlingen. Zum Einsatz gelangten 153 Männer und 25 Schutzhäftlinge (Buna) und 65 Frauen. Sonderbehandelt wurden 30 Männer und 417 Frauen und Kinder.

gez. Schwarz – Obersturmführer

Ich wurde am 8. März 1943 zusammen mit meiner Ehefrau und meinem dreijährigen Sohn in Berlin bei der letzten Massenaktion gegen Juden durch die SS verhaftet und nach mehrtägigem Aufenthalt im Sammellager Gr. Hamburger Str. zusammen mit meinen Familienangehörigen nach dem Kz. Auschwitz deportiert. Bei Ankunft auf der Rampe Auschwitz wurde ich von meiner Ehefrau und meinem Kinde getrennt und habe sie seit diesem Tage nicht wiedergesehen.
Der gesamte Transport aus Berlin umfaßte ca. 1000 Personen, von ihnen wurden ca. 220, zumeist jüngere, arbeitsfähige Männer, ausgesondert und mit Lastwagen von der Rampe Auschwitz in das Kl. Monowitz verbracht ...

Norbert Wollheim, ehemaliger Häftling

Auschwitz-Birkenau

Durch dieses Tor fuhren jahrelang die Deportationszüge aus allen Städten Europas. Sie alle waren zum Bersten gefüllt mit Menschen, und alle fuhren sie leer zurück. . .

Der Transport, den ich sah, bestand aus polnischen Juden. Sie hatten tagelang kein Wasser bekommen. Als die Türen der Güterwagen geöffnet wurden, erhielten wir den Befehl, sie mit lautem Geschrei herauszujagen. Sie waren vollständig erschöpft, und ungefähr hundert waren während der Reise verstorben. Die Überlebenden mußten in fünf Gliedern antreten. Unsere Tätigkeit bestand darin, die Leichen, die Sterbenden und das Gepäck aus den Wagen herauszuholen. Die Leichen (und zu diesen wurde ein jeder gerechnet, der nicht mehr aufrecht stehen konnte) wurden in einem Haufen aufgeschichtet. Gepäckstücke und Pakete wurden gesammelt und gestapelt. Dann mußten die Eisenbahnwaggons gründlich gesäubert werden, so daß keine Spur ihrer schrecklichen Ladung mehr sichtbar war.

Bericht eines Häftlings

Dichtgedrängt und halb erstickt fuhren wir in geschlossenen Waggons. Alle verabschiedeten sich voneinander, denn wir wußten, daß dort die Öfen und Gaskammern auf uns warteten. Obwohl wir oft darüber sprachen, konnte sich niemand recht vorstellen, wie es sein würde. Als wir abends in Auschwitz ankamen, trieb man uns nach Birkenau. Schon von weitem sahen wir den Himmel rot wie bei einem Brand. Daß Menschen so brennen sollten, konnten wir uns alle nicht vorstellen, obwohl wir schon viel erlebt hatten. Aus den Schornsteinen kam kein Rauch, nur Feuerregen. Die Leute fragten die Posten, was dort brenne, und die antworteten, es müsse doch Brot gebacken werden. Tag und Nacht. Aber wir wußten, daß das nicht sein konnte.

Bericht von Giza Landau

Die Art und Weise, wie wir unsere Opfer auswählten, war folgendermaßen: Zwei SS-Ärzte waren in Auschwitz tätig, um die einlaufenden Gefangenentransporte zu untersuchen. Die Gefangenen mußten bei einem der Ärzte vorbeigehen, der bei ihrem Vorbeimarsch durch Zeichen die Entscheidung fällte. Diejenigen, die zur Arbeit taugten, wurden ins Lager geschickt. Andere wurden sofort in die Vernichtungsanlagen geschickt. Kinder im zarten Alter wurden unterschiedslos vernichtet, da auf Grund ihrer Jugend sie unfähig waren, zu arbeiten.

Rudolf Höss

Auf dem Weg ins Gas

»Meine Herren, wenn je nach uns eine Generation kommen sollte, die so schlapp und so knochenweich ist, daß sie unsere große Aufgabe nicht versteht, dann allerdings ist der ganze Nationalsozialismus umsonst gewesen. Ich bin im Gegenteil der Ansicht, daß man Bronzetafeln versenken sollte, auf denen festgehalten ist, daß wir den Mut gehabt haben, dieses große und so notwendige Werk durchzuführen.«

Odilo Globocnik

Selektion

Bereits 1942 war Kanada I schon nicht mehr in der Lage, die Sortierung laufend zu erledigen. Trotz immer wieder neu erstellter zusätzlicher Schuppen und Baracken, Tag- und Nachtarbeit der sortierenden Häftlinge, andauernder Verstärkung dieser Kommandos türmte sich das noch unsortierte Gepäck, obwohl täglich mehrere Waggons, oft bis zu 20, mit sortiertem Material verladen wurden. 1942 wurde mit dem Aufbau des Effektenlagers Kanada II begonnen.

Kaum waren die 30 Baracken aufgestellt, so waren sie auch schon voll. Berge von unsortiertem Gepäck *türmten* sich zwischen den Baracken.

Rudolf Höss

Knappe fünfzehn Minuten später begann der Schornstein dicke schwarze, süßlich riechende Rauchwolken auszuspeien, die sich schwer über das Lager legten. Eine helle Stichflamme schoß zwei Meter hoch. Bald wurde der Gestank von verbranntem Fett und Haaren unerträglich. Und immer noch fuhren die Lastwagen vorbei, denselben Weg entlang. Wir zählten sechzig Fuhren in jener Nacht... Bald, nachdem das letzte Auto verschwunden war, kamen die ersten Lastwagen zurück, beladen mit dem Gepäck und den Kleidern der Toten, die sie zum Depot brachten.

Bericht von Ella Lingens-Reiner

Warten auf den Tod

Im Frühsommer 1944, als täglich bis zu sechs Züge eintrafen, warteten die Verurteilten oft einen ganzen Tag vor den Gaskammern, bis die Reihe an sie kam.
Das »Sonderkommando«, das die Kammern leeren und die Getöteten fortschaffen mußte, wurde auf 800 Mann vergrößert. 700 weitere Häftlinge waren eingesetzt, um das Gepäck der Vergasten zu sortieren.
Die riesenhaften Anlagen der Vernichtungslager wurden von der SS noch vor Kriegsende alle gesprengt. Nur in Majdanek blieben Gaskammern und Krematorien erhalten *(Seite 150–151).*

Kleider der Vergasten

Krematorien in Majdanek und Auschwitz *(links)*

Globocnek wendete sich ausschließlich an mich und sagte: »Es ist Ihre Aufgabe, insbesondere die Desinfektion des sehr umfangreichen Textilgutes durchzuführen. Die ganze Spinnstoffsammlung ist doch nur durchgeführt worden, um die Herkunft des Bekleidungsmaterials für die Ostarbeiter usw. zu erklären und als Ergebnis des Opfers des deutschen Volkes darzustellen. In Wirklichkeit ist das Aufkommen unserer Anstalten das 10–20fache der ganzen Spinnstoffsammlung.«
Ich habe alsdann mit den leistungsfähigsten Firmen die Möglichkeit, solche Textilmengen – es handelt sich allein um einen aufgelaufenen Vorrat von etwa 40 Millionen Kilogramm = 60 komplette Güterzüge voll – in den vorhandenen Wäschereien und Desinfektionsanstalten zu desinfizieren, durchgesprochen. Es war aber völlig unmöglich, so große Aufträge unterzubringen.

153

Bericht von Kurt Gerstein

Gesunde junge Menschen wurden zur Zwangsarbeit ins Lager abgeführt. Frauen wie Männer mußten die härtesten Arbeiten verrichten. Sie schleppten schwere Lasten, bauten Fabriken und Straßen, fällten Bäume und trockneten Sümpfe aus. Sie lebten in primitiven Holzbaracken unter unerträglichen hygienischen Bedingungen, ohne ausreichende Nahrung und ohne Medikamente, in ständiger Furcht vor den SS-Aufsehern. Von Hunger und Überanstrengung zerstört, verendeten sie nach einigen Monaten in einer Krankenbaracke oder wurden bei einer der ständigen »Nachselektionen« für die Gaskammer bestimmt.

Himmler, den Herrn aller Sklavenlager des Dritten Reiches, interessierten lebende Häftlinge nur als Arbeitskräfte für die deutsche Industrie. Bei einem Besuch in Auschwitz ließ er sich von Oberingenieur Max Faust die Fabrikanlagen des IG-Farben Konzerns erläutern *(Seite 156–157)*.

SS-Ärzte mißbrauchten
die Häftlinge zu grau-
samen Experimenten, in-
jizierten ihnen Malaria,
Typhus, Krebs, brachten
ihnen Phosphorverbren-
nungen bei und ver-
stümmelten ihre Glied-
maßen.
In Dachau unterkühlte
man die Versuchsperso-
nen in Unterdruckkam-
mern und sezierte sie
anschließend, um das
Ergebnis festzustellen.
Aber das häufigste »Ex-
periment« hieß Hunger,
bis die Opfer ausschau-
ten wie die dreißigjäh-
rige Margit Schwarz aus
Budapest.

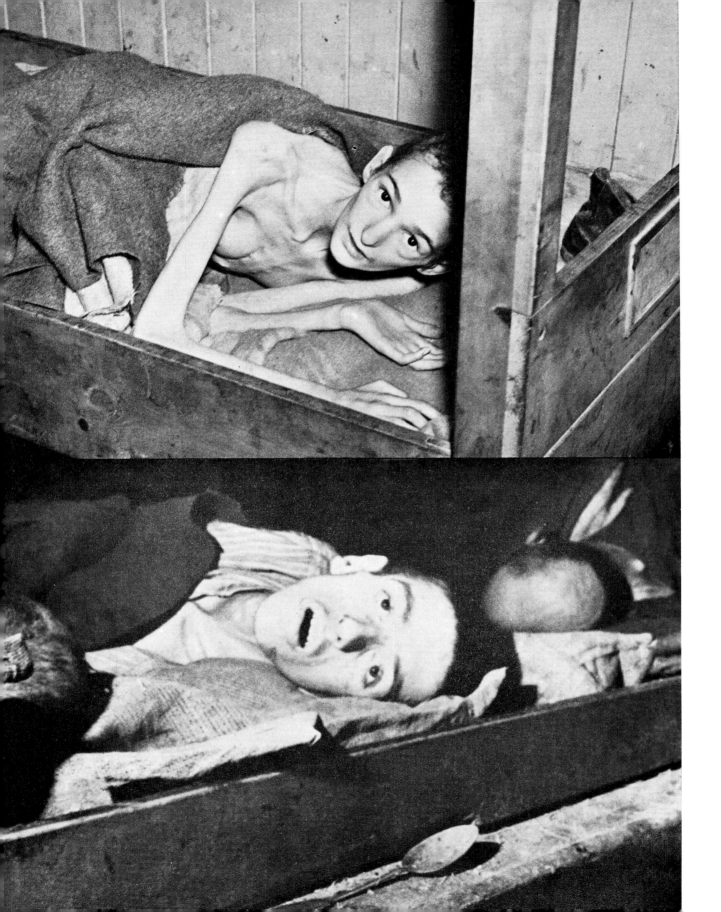

Ernährungszustand der Häftlinge: Das Essen ist gut und genügend. Zubereitungszustand einwandfrei, sauber und schmackhaft.

SS-Ustuf. Schwarz

Hitler hat die Juden nicht allein umgebracht. Er hatte viele Bewunderer, viele Helfer, viele Gönner. Man kann sie nicht alle aufzählen. Dies sind vier Mörder, deren Namen jeder kennt: Heydrich, Chef der SIPO und des SD; Eichmann, Leiter des Judenreferats der Gestapo; Höss, Kommandant von Auschwitz, und Kramer, sein späterer Nachfolger.

Im Sommer 1944, als selbst die riesigen Krematorien in Auschwitz nicht mehr ausreichten, verbrannte man die Leichen in großen Gruben unter freiem Himmel. Ununterbrochen, Tag und Nacht wurden die Menschen in die Gaskammern getrieben. Diese zwei Fotos wurden von Dawid Szmulewski, einem Angehörigen der illegalen Widerstandsorganisation, heimlich aufgenommen und aus dem Lager geschmuggelt *(links)*. Der Fotograf der Frauen in Treblinka, die mit ihren Kindern auf dem Arm in die Gaskammern gehen, ist nicht bekannt *(oben)*.

163

Sie werden sich noch erinnern an die Reichstagssitzung, in der ich erklärte: Wenn das Judentum sich etwa einbildet, einen internationalen Weltkrieg zur Ausrottung der europäischen Rassen herbeiführen zu können, so wird das Ergebnis nicht die Ausrottung der europäischen Rassen, sondern die Ausrottung des Judentums in Europa sein (Beifall).

Sie haben mich immer als Propheten ausgelacht. Von denen, die damals lachten, lachen unzählige nicht mehr (vereinzeltes Lachen, Beifall). Die jetzt noch lachen, werden in einiger Zeit vielleicht auch nicht mehr lachen (Gelächter, starker Beifall).

164   Diese Welle wird sich über Europa hinaus über die ganze Welt verbreiten.

Adolf Hitler am 8. November 1942

Widerstand

Man hat oft die Schicksalsergebenheit bewundert, mit der die jüdischen Menschen in den Tod gingen. Aber wenn etwas bewundernswert ist, so der unbeugsame Lebenswille der Verfolgten in einem jahrelangen heroischen Kampf, in dem jeder dem Tode abgetrotzte Tag und jedes Stück Brot für die Kinder eine gewonnene Schlacht über die Mörder war, die ihren Tod schon beschlossen hatten.

Viele, die eine Razzia im Versteck überlebten oder aus den Ghettos ausbrachen, die den Erschießungskommandos entkamen und aus den Todeszügen sprangen, gingen in die Wälder zu den Partisanen.

Aber selbst in den Ghettos und Lagern nahmen die Menschen den Kampf auf. Symbol für allen Mut und alle Opfer ist der heldenhafte Aufstand des Warschauer Ghettos gegen die endgültige Liquidierung im April 1943, über den uns die SS einen illustrierten Bericht hinterlassen hat.

Nach den großen Deportationen des Sommers 1942 war in dem entvölkerten Ghetto vorübergehend Ruhe eingekehrt. Lange Zeit klammerten sich die Zurückgebliebenen an jede noch so schwache Hoffnung. Die Nachricht, daß alle Deportierten, eine ganze Stadt voller Menschen, getötet worden waren, schien ihnen zu wahnsinnig, um glaubhaft zu sein. Es dauerte lange, bis die Menschen begriffen, welches Ende sie ohne Ausnahme erwartete.

Im Januar 1943, als die Deportationen wieder aufgenommen werden, kommt es zum ersten bewaffneten Ausbruch. Himmler befiehlt, das Ghetto abzureißen. Die jüdische Widerstandsorganisation ruft die zum Tode Verurteilten zum Kampf auf. Heimlich, während der Nacht, graben die Menschen tiefe Stollen in die Erde. In fieberhafter Arbeit werden primitive unterirdische Bunker gebaut, die den Frauen und Kindern vor den Menschenfängern Schutz bieten sollen.

Am 19. April brechen die SS-Sturmtruppen ins Ghetto ein. Sie stoßen auf erbitterten Widerstand. Heldenhaft verteidigt die Jugend des Ghettos das Leben ihrer wehrlosen Mütter und Geschwister. Fast ohne Waffen, mit der Kraft der Verzweiflung, kämpft sie mit der SS um jede Straße, jedes Haus, jeden Keller. 28 Tage und Nächte währt die Schlacht. Für die meisten endet sie mit dem Tod.

Alle, die nicht im Kampf fallen, werden nach Treblinka in die Gaskammern verschleppt. Nur wenige entkommen aus dem brennenden Kessel. Aber der Aufstand beweist Unterdrückern und Unterdrückten, daß Selbstachtung und menschliche Würde auch inmitten von Mord und Brutalität nicht gänzlich ausgerottet werden können. In den Ghettos von Bialystok und Tschenstochau folgt man dem Warschauer Beispiel. Selbst in den Todeslagern von Treblinka und Sobibor gibt es blutige Aufstände, in Auschwitz-Birkenau stecken tapfere Häftlinge sogar ein Krematorium in Brand.

Die Juden waren nicht allein in diesem Kampf. In Frankreich legten junge Menschen aus Solidarität den gelben Stern an. In Holland streikten die Arbeiter aus Protest gegen die Deportationen. In jedem Lande, auch in Deutschland, fanden sich mutige Einzelne, Priester und Arbeiter, Beamte und Offiziere, die für die Verfolgten eintraten oder sie unter Lebensgefahr für die eigene Familie bei sich aufnahmen.

Es gab Helden, wie den Feldwebel Anton Schmidt, der Tausende von Juden in Wilna vor der Erschießung rettete, den Fabrikanten Oskar Schindler in Krakau, der seine jüdischen Arbeitshäftlinge bei Kriegsende in Sicherheit brachte, oder jenen Stubenältesten in Auschwitz, der eine Gruppe von 158 jüdischen Kindern in seinem Wohnblock versteckte. In Berlin gab es tapfere Frauen, die für die Freilassung ihrer jüdischen Männer öffentlich demonstrierten, und einen Dompropst Lichtenberg, der in seiner Kirche »für die Juden und die armen Gefangenen in den Konzentrationslagern« betete.

Und es gab das namenlose Heer der europäischen Resistance, die in allen Ländern gegen das System der Gaskammern jenen verzweifelten, stummen Kampf kämpfte, für den es keine Orden gab, sondern nur das Fallbeil, den Galgen oder das Konzentrationslager.

Überall, wo die Verfolgung einsetzte, erhob sich der Widerstand. Er war nicht stark genug, den Massenmord aufzuhalten, aber er konnte ihn verlangsamen. Er schlug Breschen in die Reihen der Mörder und entriß ihnen einzelne Opfer. Vor allem aber ging von ihm eine moralische Kraft aus, weil er zeigte, daß die Macht des Feindes nicht unbegrenzt war und daß sie ein Ende finden würde.

Aufstand und Vernichtung des Warschauer Ghettos *Aus den Tagesmeldungen des SS-Generals Stroop*

19. April 1943. Abschließung des Ghettos ab 3.00 Uhr. Um 6.00 Uhr Ansetzen der Waffen-SS in Stärke von 16/850 zur Durchkämmung des Restghettos. Sofort nach Antreten der Einheiten starker planmäßiger Feuerüberfall der Juden und Banditen ...
Es wurde erreicht, daß der Gegner sich von den Dächern und höher gelegenen eingerichteten Stützpunkten in die Keller bzw. Bunker und Kanäle zurückzog. Bei der Durchkämmung wurden nur etwa 200 Juden erfaßt. Anschließend wurden Stoßtrupps auf bekannte Bunker angesetzt, mit dem Auftrag, die Insassen hervorzuholen, die Bunker zu zerstören. Judenerfassung hierdurch etwa 380. Es wurde der Aufenthalt der Juden in der Kanalisation festgestellt. Die vollkommene Unterwassersetzung wurde durchgeführt, damit Aufenthalt unmöglich.

20. April 1943. Die in dem unbewohnten, noch nicht freigegebenen Ghetto festgestellten Widerstandsnester wurden durch eine Kampfgruppe der Wehrmacht – Pionierzug und Flammenwerfer – niedergekämpft ...
Die angesetzte 10-cm-Haubitze hat die Banden aus ihren starken Befestigungen verdrängt und, soweit festgestellt werden konnte, diesen auch Verluste beigebracht. Wegen Eintritt der Dunkelheit mußte diese Aktion abgebrochen werden.

21. April 1943. Die Anlegung des Brandes hatte im Laufe der Nacht das Ergebnis, daß die unter den Dächern bzw. in den Kellern und sonstigen Schlupfwinkeln sich trotz aller Durchsuchungsaktionen noch verborgenen Juden an den äußeren Fronten des Häuserblocks zeigten, um dem Feuer irgendwie zu entgehen. In Massen – ganze Familien – sprangen die Juden, schon vom Feuer erfaßt, aus dem Fenster oder versuchten sich durch aneinandergeknüpfte Bettlaken usw. herabzulassen. Es war Vorsorge getroffen, daß diese sowohl auch die anderen Juden sofort liquidiert wurden.

22. April 1943. Leider ist nicht zu verhindern, daß ein Teil der Banditen und Juden sich in den Kanälen unterhalb des Ghettos aufhält und kaum zu fassen ist, weil die Unterwassersetzung von diesen unterbrochen wurde. Die Stadtverwaltung ist nicht in der Lage, diesen Übelstand zu beheben. Das Anbringen von Nebelkerzen und die Vermengung des Wassers mit Chreosot hatte ebenfalls nicht den gewünschten Erfolg. Verbindung mit der Wehrmacht tadellos.

23. April 1943. Die ganze Aktion wird erschwert durch die mit allen Raffinessen vorgehenden Juden und Banditen, z. B. wurde festgestellt, daß in den Leichenwagen, mit denen die herumliegenden Toten gesammelt werden, gleichzeitig lebende Juden auf den jüdischen Friedhof gefahren werden und damit außerhalb des Ghettos entkommen. Durch ständige Kontrolle der Leichenwagen wird auch dieser Weg zur Flucht unterbunden ...
Zur Verlagerung aus den Betrieben wurden heute 3500 Juden erfaßt. Insgesamt wurden bis heute zur Verlagerung erfaßt bzw. bereits abtransportiert: 19 450 Juden. Von diesen Juden sind z. Zt. noch etwa 2500 zu verladen. Der nächste Zug fährt am 24. 4. 43 ab.

24. April 1943. Um 18.15 Uhr trat die Durchsuchungskampfgruppe nach Abriegelung in die Gebäude ein und stellte die Anwesenheit einer großen Anzahl von Juden fest. Da diese Juden zum großen Teil Widerstand leisteten, gab ich den Befehl zum Ausbrennen. Erst nachdem der Straßenzug und zu beiden Seiten sämtliche Höfe in hellen Flammen standen, kamen die Juden zum Teil brennend aus den Häuserblocks hervor bzw. versuchten sich durch einen Sprung aus den Fenstern und Balkonen auf die Straße, auf die sie vorher Betten, Decken und sonstige Teile geworfen hatten, zu retten. Immer wieder konnte man beobachten, daß trotz der großen Feuersnot Juden und Banditen es vorzogen, lieber wieder ins Feuer zurückzugehen, als in unsere Hände zu fallen.

25. April 1943. Wenn gestern nacht das ehem. Ghetto von einem Feuerschein überzogen war, so ist heute abend ein riesiges Feuermeer zu sehen. Da bei den planmäßigen und regelmäßigen Durchkämmungen immer wieder Juden in großer Zahl aufgespürt werden, wird die Aktion am 26. 4. 43 fortgesetzt. Beginn 10.00 Uhr.
Mit dem heutigen Tage wurden insgesamt 27 464 Juden des ehem. jüd. Ghettos Warschau erfaßt.

26. April 1943. Es zeigt sich immer mehr, daß nunmehr die Reihe an die zähesten und widerstandsfähigsten Juden und Banditen kommt. Es sind mehrfach Bunker gewaltsam geöffnet worden, deren Insassen seit der Dauer der Aktion nicht mehr an die Oberfläche gekommen waren. In einer Reihe von Fällen waren die Insassen der Bunker nach der erfolgten Sprengung kaum noch in der Lage, an die Oberfläche zu kriechen. Nach Aussagen der gefangenen Juden sollen in den Bunkern eine größere Anzahl der Insassen von der Hitze und dem Qualm und von den erfolgten Sprengungen irre geworden sein ...
30 Juden verlagert, 1330 Juden aus Bunkern hervorgeholt und sofort vernichtet. 362 Juden im Kampf erschossen. Insges. heute erfaßt: 1722 Juden. Dadurch erhöhte sich die Gesamtzahl der erfaßten Juden auf 29186. Außerdem sind mit Wahrscheinlichkeit in den 13 gesprengten Bunkern und durch Brände ungezählte Juden umgekommen.

27. April 1943. Durch in die Kanalisation hinabgestiegene SS-Männer wurde festgestellt, daß die Leichen verendeter Juden in großer Anzahl vom Wasser fortgeschwemmt werden.

28. April 1943. Ergebnis des heutigen Tages: 1655 Juden zur Verlagerung erfaßt, davon 110 im Kampf erschossen.
Weiter verbrannten viele Juden im Feuer bzw. wurde eine nicht feststellbare Anzahl von Juden durch Sprengungen in den einzelnen Bunkern vernichtet.
Durch die Erfolge des heutigen Tages erhöht sich die Zahl der insgesamt erfaßten bzw. vernichteten Juden auf 33 401. In dieser Zahl sind die verbrannten und in den Bunkern vernichteten Juden nicht erfaßt.

29. April 1943. Einige Kanalschächte wurden gesprengt. 2 außerhalb des Ghettos ermittelte Ausgänge wurden ebenfalls durch Sprengung bzw. Vermauerung unbrauchbar gemacht.
Aus den Aussagen verschiedener Bunkerbesatzungen geht hervor, daß diese Juden bereits 10 Tage nicht mehr aus denselben hervorgekommen sind und daß ihnen nun infolge der längeren Dauer der Großaktion die Lebensmittel usw. ausgehen.

30. April 1943. Insgesamt wurden heute 1599 Juden erfaßt, davon 179 im Kampf erschossen. Damit erhöht sich die Gesamtzahl der bisher erfaßten Juden auf 37359. Verladen wurden heute 3855 Juden. Bei den in den letzten Tagen erfaßten Juden ist die Zahl der bewaffneten erheblich gestiegen.

1. Mai 1943. Eine größere Anzahl der erfaßten Juden wurde aus der Kanalisation herausgeholt. Die systematische Sprengung bzw. Verschüttung der Kanalausgänge wurde fortgesetzt ...
Ein Stoßtrupp stellte fest, daß in einem Hauptkanal unter dem Ghetto eine nicht festzustellende Anzahl von Leichen schwammen.

2. Mai 1943. Durchkämmung des gesamten Gebietes des ehem. Ghettos durch 9 Stoßtrupps, außerdem Ansetzung einer größeren Abteilung zur Säuberung bzw. Vernichtung eines Häuserblocks, der sich um die beiden Rüstungsbetriebe Transavia und Wischniewski gruppiert ...
Bei der Vernichtung des vorgenannten Häuserblocks wurden 120 Juden erfaßt und ungezählte Juden, die infolge des Brandes aus dem Dachgeschoß auf die inneren Höfe absprangen, vernichtet. Weiter sind viele Juden in den Flammen umgekommen bzw. wurden eine weitere Anzahl von Juden durch vorgenommene Sprengungen von Bunkern und Kanalöffnungen ebenfalls vernichtet.

3. Mai 1943. In den meisten Fällen leisteten die Juden mit der Waffe in der Hand vor Verlassen des Bunkers Widerstand. Dadurch sind 2 Ausfälle durch Verwundung zu verzeichnen. Die Juden und Banditen feuerten teilweise mit beiden Händen aus Pistolen.

4. Mai 1943. Ungezählte Juden, die sich während der Feuersbrunst auf den Dächern zeigten, sind in den Flammen umgekommen. Andere kamen erst im letzten Augenblick in den höchsten Stockwerken zum Vorschein und konnten sich nur durch Abspringen vor dem Verbrennungstod retten. Es wurden am heutigen Tag insgesamt 2283 Juden erfaßt, davon 204 erschossen, ungezählte Juden in Bunkern und durch Feuer vernichtet. Die Gesamtzahl der bisher erfaßten Juden erhöht sich auf 44089.

5. Mai 1943. Auch heute leisteten die Juden, bevor sie gefangen wurden, an verschiedenen Stellen Widerstand. In mehreren Fällen wurden die Öffnungen / Luken / zu den Bunkern von innen mit Gewalt zugehalten bzw. verriegelt, so daß nur mit einer starken Sprengung eine Öffnung erzwungen und die Bunkerinsassen vernichtet werden konnten.

6. Mai 1943. Heute wurden insbesondere die Häuserblocks durchkämmt, die am 4. 5. durch Feuer vernichtet wurden. Obwohl kaum zu erwarten war, daß hier noch Menschen lebend angetroffen würden, wurden eine ganze Anzahl von Bunkern, in denen sich eine glühende Hitze entwickelt hatte, festgestellt. Aus diesen Bunkern und aus in anderen Teilen des Ghettos festgestellten wurden insgesamt 1553 Juden erfaßt. Beim Widerstand und bei einem sich entwickelnden Feuergefecht wurden 356 Juden erschossen.

7. Mai 1943. Die Juden sagen aus, daß sie nachts an die frische Luft kommen, da ein ununterbrochener Aufenthalt in ihren Bunkern für sie durch die längere Dauer der Aktion unerträglich wird. Durchschnittlich werden durch die Stoßtrupps in jeder Nacht 30 bis 50 Juden erschossen.
Nach diesen Aussagen muß angenommen werden, daß immer noch eine größere Zahl von Juden sich unterirdisch im Ghetto aufhält.

8. Mai 1943. Nach gemachten Aussagen sollen sich noch etwa 3-4000 Juden in den unterirdischen Löchern, Kanälen und Bunkern aufhalten. Der Unterzeichnete ist entschlossen, die Großaktion nicht eher zu beenden, bis auch der letzte Jude vernichtet ist.

9. Mai 1943. Die heute durchgeführte Großaktion hatte folgendes Ergebnis: Von den angesetzten Durchkämmungsstoßtrupps wurden 42 Bunker ermittelt. Aus diesen Bunkern wurden 1037 Juden und Banditen lebend hervorgebracht. Im Kampf wurden erschossen 319 Banditen und Juden, außerdem ungezählte wiederum bei den Sprengungen der Bunker vernichtet.

10. Mai 1943. Der von den Juden geleistete Widerstand war heute ungeschwächt. Im Gegensatz zu den Vortagen haben sich anscheinend die noch vorhandenen und nicht vernichteten Angehörigen der jüdischen Hauptkampfgruppe in die ihnen höchst erreichbaren Ruinen zurückgezogen, um von dort feuernd den eingesetzten Kommandos Verluste beizubringen.

11. Mai 1943. Erfaßt wurden insgesamt 931 Juden und Banditen. Erschossen wurden 53 Banditen. In gesprengten Bunkern und bei der Vernichtung eines Häuserblocks durch Feuer kamen weitere ums Leben. Die Gesamtzahl der bisher erfaßten Juden erhöht sich auf 53 667.

12. Mai 1943. Es sind wahrscheinlich eine größere Zahl von Juden in den Flammen umgekommen. Da das Feuer vor Eintritt der Dunkelheit noch nicht niedergebrannt war, konnten genaue Feststellungen in dieser Hinsicht nicht getroffen werden.

13. Mai 1943. Die wenigen sich noch im Ghetto aufhaltenden Juden und Verbrecher benützen seit 2 Tagen die noch in Ruinen sich bietenden Schlupfwinkel, um nachts in die ihnen bekannten Bunker zurückzukehren, dort zu essen und sich wieder für den nächsten Tag zu verproviantieren.

14. Mai 1943. Es wurde wiederholt aus dem arischen Teil auf die äußere Absperrung geschossen. Von der Postenkette wurde rücksichtslos das Feuer erwidert.

15. Mai 1943. Durch ein Sonderkommando wurde der letzte noch vorhandene unversehrte Gebäudekomplex des Ghettos nochmals durchsucht und anschließend vernichtet. Am Abend wurden auf dem jüdischen Friedhof die Kapelle, Leichenhalle und sämtliche Nebengebäude gesprengt bzw. durch Feuer vernichtet.

16. Mai 1943. Das ehemalige jüdische Wohnviertel Warschau besteht nicht mehr. Mit der Sprengung der Warschauer Synagoge wurde die Großaktion um 20.15 Uhr beendet ...
Gesamtzahl der erfaßten und nachweislich vernichteten Juden beträgt insgesamt 56 065.

Die Räumung beginnt

Vor einigen Stunden begannen bewaffnete SS-Abteilungen mit Panzern und Artillerie mit der Ermordung der restlichen Bevölkerung des Ghettos. Das Ghetto leistet erbitterten, heldenmütigen Widerstand. Die Verteidigung leitet die Jüdische Kampforganisation, die fast alle Kampftruppen um sich gesammelt hat. Unaufhörlich dringen aus dem Ghetto Kanonendonner und starke Detonationen. Das ganze Viertel ist in den Feuerschein riesiger Brände getaucht. Über dem Gebiet des Gemetzels kreisen Flugzeuge. Der Ausgang dieses Kampfes steht natürlich von vornherein fest.

Funktelegramm der ZOB (Jüdische Kampforganisation) nach London am 19. April 1943

Verhaftung der Betriebsleitung der Firma Brauer

Mädchen, Kämpfer für das Leben der Kinder *(rechts)*

Der von den Juden und Banditen geleistete Widerstand konnte nur durch energischen unermüdlichen Tag- und Nachteinsatz der Stoßtrupps gebrochen werden. Am 23. 4. 1943 erging vom Reichsführer-SS über den Höheren SS- und Polizeiführer Ost in Krakau der Befehl, die Durchkämmung des Ghettos in Warschau mit größter Härte und unnachsichtiger Zähigkeit zu vollziehen. Ich entschloß mich deshalb, nunmehr die totale Vernichtung des jüdischen Wohnbezirks durch Abbrennen sämtlicher Wohnblocks, auch der Wohnblocks bei den Rüstungsbetrieben vorzunehmen. Es wurde systematisch ein Betrieb nach dem anderen geräumt und anschließend durch Feuer vernichtet.

Stroop-Bericht

Durchsuchung

Je länger der Widerstand andauerte, desto härter wurden die Männer der Waffen-SS, der Polizei und der Wehrmacht, die auch hier in treuer Waffenbrüderschaft unermüdlich an die Erfüllung ihrer Aufgaben herangingen und stets beispielhaft und vorbildlich ihren Mann standen. Der Einsatz ging oft vom frühen Morgen bis in die späten Nachtstunden.

Stroop-Bericht

Der Marsch zum »Umschlagplatz«

Das Feuer wütete ... mit unglaublicher Gewalt. Die Straßen des Ghettos waren voll dichten, beißenden Qualms. Es war klar, daß die Deutschen nun die ungeheuerliche Taktik zur Anwendung brachten, das Ghetto auszuräuchern. Da sie sahen, daß sie den Widerstand der jüdischen Kämpfer mit der Waffe nicht brechen konnten, beschlossen sie, die Menschen durch Feuer zu vernichten. In den Häusern verbrannten Tausende Frauen und Kinder bei lebendigem Leibe. Furchtbare Schreie und Hilferufe waren aus den brennenden Häusern zu hören. In den Fenstern vieler Häuser zeigten sich Menschen, von den Flammen erfaßt, wie lebende Fackeln.

Bericht der ZOB, Nr. 5

Es war nicht selten, daß die Juden in den brennenden Häusern sich so lange aufhielten, bis sie es wegen der Hitze und aus Angst vor dem Verbrennungstod vorzogen, aus den Stockwerken herauszuspringen, nachdem sie vorher Matratzen und andere Polstersachen aus den brennenden Häusern auf die Straße geworfen hatten. Mit gebrochenen Knochen versuchten sie dann noch über die Straße in die Häuserblocks zu kriechen, die noch nicht oder nur teilweise in Flammen standen.

Stroop-Bericht

SS-General Jürgen Stroop, der »Führer der Großaktion«

Aus den Bunkern geholt

Unter den schwelenden Ruinen, weit weg von dem Frühlingstag, lagen Hunderte von uns in einer Tiefe von fünf Metern in völligem Dunkel auf dem Boden eines Bunkers. Kein Strahl des Tageslichts konnte hier eindringen, nur die Uhr sagte uns, daß draußen die Sonne unterging. . . Jede Nacht streiften Juden, die aus den dunklen, stickigen Unterständen herausgekommen waren, auf der Suche nach ihren Familien und Freunden durch die Straßen, und jede Nacht sahen wir, wie rasch sich unsere Zahl verringerte. Das Ghetto schrumpfte rasch zusammen. Der Hunger und die Entdeckung eines Bunkers nach dem anderen durch deutsche Patrouillen forderten ihren Zoll. . .

Bericht von Cywia Lubetkin

179

Auch uns gehört das Leben! Auch wir haben das Recht darauf! Man muß nur verstehen, darum zu kämpfen! Es ist keine Kunst zu leben, wenn sie dir das Leben *gnädigst schenken*! Es ist dann eine Kunst zu leben, wenn sie dir das Leben entreißen wollen!

Erwache, Volk, und kämpfe um dein Leben!

Jede Mutter werde zu einer Löwin, die ihre Jungen verteidigt! Kein Vater sehe mehr ruhig auf den Tod seiner Kinder! Die Schande des ersten Aktes unserer Vernichtung soll sich nicht mehr wiederholen! Möge jedes Haus zu einer Festung werden! Erwache, Volk, und kämpfe!!! Im Kampf liegt deine Rettung! Wer um sein Leben kämpft, hat die Möglichkeit, sich zu retten. Wir erheben uns im Namen des Kampfes um das Leben der Hilflosen, denen wir Rettung bringen wollen, die wir zur Tat wachrütteln müssen!

Aus einem illegalen Aufruf

Die Verteidiger des Ghettos werden zur Hinrichtung geführt

Schon den achten Tag stehen wir im Kampf auf Leben und Tod... Die Zahl unserer Opfer, also der Opfer der Erschießungen und der Brände, in denen Männer, Frauen und Kinder umkamen, ist riesig. Es nahen unsere letzten Tage. Doch solange wir die Waffen in der Hand zu halten vermögen, so lange werden wir Widerstand leisten und kämpfen.

Das deutsche Ultimatum über die Kapitulation lehnen wir ab. Da wir unsere letzten Tage kommen sehen, fordern wir von Euch: Vergeßt nichts! Es wird der Tag kommen, an dem unser unschuldig vergossenes Blut gerächt wird. Eilt denen zu Hilfe, die im letzten Augenblick dem Feind entgehen werden, damit sie den Kampf weiterführen können.

Bericht der ZOB vom 26. April 1943

Erschossene Aufständische

In einer anderen Ecke lag ein einjähriges Kind, es weinte und stöhnte nicht, es hatte wahrscheinlich keine Kräfte mehr. Die Ärmchen und Beinchen waren verbrannt. Ich werde nie sein Gesichtchen vergessen, auf dem sich unmenschliche Schmerzen spiegelten... Gesicht und Arme der Mutter waren völlig verbrannt, sie konnte das Kind nicht in die Arme nehmen.

Bericht von P. Elster

Abführung der Letzten

Unsere Losung war: Mit Würde leben und sterben!
In Ghettos und Lagern bemühten wir uns, dieser Losung zu entsprechen... Trotz größtem Terror, äußerstem Hunger und bitterster Not führten wir sie durch bis zum Märtyrertod des polnischen Judentums.

Bericht der jüdischen Widerstandsbewegung

Es gibt keinen
jüdischen Wohnbezirk
– in Warschau mehr !

Befreiung

Im Juli 1944 befreit die sowjetische Armee das Konzentrationslager Majdanek. Zur gleichen Zeit wird noch fast eine halbe Million ungarischer Juden nach Auschwitz-Birkenau deportiert. Sechs Wochen lang brennen die Öfen Tag und Nacht. Erst Ende November sprengt die SS die Krematorien, vernichtet die Lagerakten und steckt die riesigen Magazine mit den Habseligkeiten der Vergasten in Brand.
Das Kriegsende schreibt das letzte blutige Kapitel. Viele Menschen in Deutschland fürchten dieses Ende und versuchen verzweifelt, vor der herannahenden Front zu flüchten. Doch diejenigen, die den Zusammenbruch der Hitlerherrschaft sehnsüchtig erwarten und die Stunde ihrer Befreiung erhoffen, werden auf Himmlers Befehl ins Landesinnere verschleppt. Kein Häftling soll lebend in die Hände der Alliierten fallen. Fürchtet man ihre Aussagen, mißgönnt man den an Leib und Geist Geschundenen die Rückkehr ins Leben, oder ist den Peinigern der Gedanke unerträglich, daß einige ihrer Opfer sie überleben könnten?
Die alliierten Truppen stoßen von allen Seiten nach Deutschland vor. Ein Wettlauf mit dem Tode beginnt. Die Lager im Osten werden evakuiert. In offenen Loren fahren die Häftlinge ohne Decken und Mäntel durch den eisigen Februar. Es gibt Möglichkeiten zur Flucht, aber keiner dieser ausgehungerten und erschöpften Menschen hat mehr die Kraft, sich fortzubewegen.
Über das Eisenbahnnetz des zerbrechenden Reiches fahren in den letzten Kriegswochen die gespenstischen Züge von einem Lager zum anderen, bleiben stehen, werden umgeleitet, halten und fahren weiter. Von Auschwitz nach Buchenwald, von Buchenwald nach Dachau, von Dachau nach Belsen, ziellos und ohne Fahrplan, mit dem einzigen Zweck, ihrer Fracht die letzte Chance auf ein Überleben zu verweigern. Wenn die Fahrt nach vielen Tagen auf einem Nebengleis, in der Nähe eines Lagers endet und die hölzernen Schiebetüren endlich geöffnet werden, ist der Waggon oft längst eine Leichenkammer.
Die Fronten rücken immer rascher zusammen. Viele Konzentrationslager muß die SS überstürzt räumen. Häftlinge, die nicht marschfähig sind, werden noch in letzter Stunde erschossen oder lebendig verbrannt. In Gewaltmärschen treiben die Wachmannschaften vor den Augen der erschrockenen deutschen Bevölkerung ein Heer von Elendsgestalten über die Landstraßen Thüringens und Mecklenburgs nach Schleswig-Holstein. Wer zusammenbricht und am Wege liegenbleibt, erhält einen Fangschuß. Bergen-Belsen, das die letzten Transporte aufnimmt, ist ein überfülltes Massengrab, eine Todeszone, in der Hunger und Typhus wüten.
Den alliierten Soldaten, die die Konzentrationslager befreien, stockt das Herz. Sie sehen die Galgen und den Prügelbock, die Krematorien und die Magazine mit Schuhen, Kleidern, Brillen und Menschenhaar. Sie sehen die Kisten voll ausgebrochener Goldzähne und Eheringe, sie sehen das Buch des Totenschreibers und sie sehen die Menschen – Tote und Sterbende. Als die ersten Fotos und Presseberichte über die unbeschreiblichen Zustände in die Welt gelangen, antwortet die zivilisierte Menschheit mit einem Aufschrei des Entsetzens und der Empörung.
Für viele der wenigen, die das Ende überleben, kommt es zu spät. Sie haben keine Kraft mehr für einen neuen Anfang. Tausende von Häftlingen sterben noch in den ersten Wochen nach der Befreiung. Keinerlei Pflege kann sie mehr retten. Erst nach vielen Tagen machen alliierte Ärzte die furchtbare Entdeckung, daß viele, die man vielleicht noch hätte retten können, gestorben sind, weil sie zu schwach waren, zu rufen oder den Arm zu heben, so daß man sie unter den Leichen unbemerkt liegenließ.
So endete Hitlers Drittes Reich.
Der Sieg der Alliierten hinderte die Nazis, ihr Ausrottungsprogramm zu Ende zu führen. Die Bilanz ist grausig genug. Alle Berechnungen, die durch Vergleich der Bevölkerungsstatistiken, der aufgefundenen amtlichen Dokumente und der Nachforschungen in den Todeslagern angestellt worden sind, kommen übereinstimmend zu dem Ergebnis, daß fünf bis sechs Millionen Juden ermordet wurden. Weit über eine Million ging an Hunger und Seuchen zugrunde, fast ebenso viele starben unter den Gewehren der Exekutionskommandos, alle anderen gingen den Weg ins Gas.

Die letzten Tage

Mauthausen. Obergruppenführer Pohl schickte mir eines Tages ohne vorherige Benachrichtigung 6000 Frauen und Kinder, die zehn Tage auf dem Transport ohne Verpflegung waren. Sie wurden im Dezember 1944 im eisigen Winter in offenen Kohlenwagen ohne Decken transportiert. Die Kinder habe ich auf Befehl von Berlin nach Bergen-Belsen in Marsch setzen müssen, und wie ich vermute, sind sie alle gestorben ...
Judentransporte: In Anwesenheit des Gauleiters Rainer, Dr. Überreiter, Dr. Jury, Baldur von Schirach und anderen habe ich von Himmler folgende Befehle erhalten: Die Juden vom Stellungsbau »Südosten« müssen zu Fuß aus allen Orten in Bewegung gesetzt werden. Ziel: Mauthausen. Danach sollten 60000 Juden nach Mauthausen kommen. Ein geringer Bruchteil davon ist tatsächlich angekommen. Als Beispiel führe ich einen mit 4500 Juden abgegangenen und mit 180 Personen in Mauthausen angekommen Transport an. Von welchem Ort der als Beispiel angeführte Transport abgegangen ist, ist mir unbekannt. Frauen und Kinder waren ohne Schuhe, in Lumpen und verlaust. In dem Transport befanden sich ganze Familien, von denen unzählige auf dem Wege wegen allgemeiner Körperschwäche erschossen wurden.

Aussage des Kommandanten von Mauthausen, Franz Ziereis

Bergen-Belsen. Getrieben von Hieben, begannen sie manchmal plötzlich vorwärts zu gehen wie eine Herde Vieh, einer den anderen stoßend. Es war unmöglich, ihren Namen aus ihnen herauszubekommen. Das freundlichste Wort hatte nicht die Kraft, sie zum Sprechen zu bewegen. Ein langer, starrer, ausdrucksloser Blick war alles. Wenn sie den Versuch machten, zu antworten, konnten ihre Zungen den Gaumen nicht erreichen, um einen Ton hervorzubringen. Man wurde nur ihres vergifteten Atems gewahr, der aus Eingeweiden zu kommen schien, die sich schon in einem Zustand der Zersetzung befanden. So sahen die Transporte im Winter 1944/45 aus, in dem Winter, in welchem der Tod die ungeheure Zahl von 13000 Internierten in den letzten drei Monaten vor unserer Befreiung forderte.

Bericht von Dr. Georg Straka

Oederan. Im Lager herrschte bereits große Aufregung, denn am Nachmittag um 3 Uhr sollten wir zum Abmarsch antreten. – Der Befehl lautete: Häftlinge und das gesamte Aufseherpersonal Antreten zur Evakuierung vor dem Feind. Ziel unbekannt. – Gegen 8 Uhr hörten wir bereits Geschützdonner, und unsere Herzen schlugen höher in der Hoffnung, daß es doch nicht mehr dazu käme. – Als wir um 3 Uhr antraten, zitterten die Fensterscheiben und der Boden unter unseren Füßen. Hand in Hand mit meiner Freundin, ausgerüstet mit einem Kübel, der vollgestopft war mit meinen Habseligkeiten, standen wir 500 Frauen im Hofe unseres Lagers, um uns noch einmal zu beugen unter diesem harten Joch. Und dies im Angesicht der Alliierten, deren Stimmen wir vernahmen und die unser heißes Flehen nicht hören konnten. – Unter Eskortierung von bewaffnetem Landsturm und Hitlerjugend gingen wir, in unsere grauen Decken gehüllt, dahin. Wir gingen zum Bahnhof und wurden in offene Kohlenwagen verladen.

Bericht von Grete Salus

Dachau. 8000 Menschen, Russen, Juden, Deutsche, unter ihnen 100 Priester, marschierten nun schweigend durch die Nacht, bewacht von fast 1000 Mann SS und vielen Spürhunden ... Schon nach der ersten Stunde sehe ich die ersten Pakete rechts und links am Wege liegen, die zwei Wolldecken, die jeder mitnehmen mußte, sind für diese ausgemergelten Körper schon zu schwer. Bald liegen aber auch schon die ersten Häftlinge total erschöpft am Straßenrand. Wir hören Schüsse durch die Stille der Nacht peitschen, das Schicksal der Auschwitzer Häftlinge scheint sich zu wiederholen. Nur jetzt nicht in zwölfter Stunde noch schlapp machen! 40 km marschieren wir in dieser Nacht. Vormittags erreichen wir den ersten Lagerplatz, das Mühltal am Starnberger See. Ich falle erschöpft auf den Waldboden und schlafe ein. Schüsse wecken mich auf und der Ruf: Hundeführer! Hundeführer! Also ist einer geflohen, hoffentlich erwischen sie ihn nicht! Wie ich später höre, ist es ein junger Kaplan der Diözese Münster, dem als erstem von uns die Flucht glückte ...

Bericht von Pater Pereira S. J., Trier

Das Ende

Bergen-Belsen. Vier Tage nach der Besetzung Buchenwalds durch die Amerikaner erreichten britische Truppen von General Dempseys XI. Panzerdivision das Gefangenenlager Belsen (zwischen Hannover und Bremen). Hier fanden sie 28000 Frauen, 11000 Männer und 500 Kinder. In Belsen herrschte nicht nur Hunger, sondern auch Typhus.

Riesige Öfen waren zur Einäscherung der Leichen errichtet worden, aber in Belsen wie in Buchenwald war die Sterblichkeit zu groß, als daß die Arbeit der Verbrennungsöfen mit der Zahl der täglich Sterbenden hätte Schritt halten können. Außerdem begann auch hier die Kohle immer knapper zu werden.

Aus Berichten, die dem britischen Generalarzt vorgelegen haben, geht hervor, daß in den letzten Monaten 30000 Menschen in Belsen umgekommen sind. Als die Engländer eintrafen, gab es im Lager – neben großen Gruben voll verkohlter Knochenreste – noch eine ganze Anzahl von Leichenhaufen. Jeder Stapel enthielt mehrere hundert nackte, schon in starker Verwesung begriffene Körper. Mit Straßenpflügen schachteten General Dempseys Soldaten lange Gräben aus, in denen je 500 oder 1000 Leichen bestattet werden konnten. Dann mußten die früheren Wachmannschaften – Männer und Frauen – die Leichen derer herbeitragen, die den Seuchen erlegen, verhungert, erstickt oder erschossen waren.

Erst nach einer Woche war es soweit, daß die Leichenhaufen nicht mehr wuchsen, weil man nun endlich die Menschen in den Massengräbern ebenso schnell beisetzen konnte, wie sie gestorben waren.

Bildbericht »KZ« des amerikanischen Informationsdienstes

Buchenwald. Die Größe des Lagers kann man daraus ermessen, daß sein maximales Fassungsvermögen mit 120000 angegeben wird. Am 1. April dieses Jahres war die Anzahl des Lagers 80813. Einige Tage vor der Ankunft der amerikanischen Truppen (11. April) entfernten die Nazis eine große Anzahl Häftlinge, schätzungsweise 18000 bis 22000. Einige von denen, die sie zu beseitigen wünschten, weil sie »zuviel wußten«, konnten sich verbergen. Es war unmöglich, eine genaue Schätzung betreffs des Prozentsatzes der im Lager noch verbliebenen Nationalitäten festzustellen; wir fanden viele Juden und nichtjüdische Deutsche vor, Polen, Ungarn, Tschechen, Franzosen, Belgier, Russen u. a. Ein eingehender Bericht, der uns von Vertretern eines antifaschistischen Komitees überreicht wurde, gab an, daß die Gesamtzahl derjenigen, die in Buchenwald oder unmittelbar nach ihrer Überführung von dort in einem sog. »Vernichtungslager« gestorben oder getötet worden sind, 51572 betrug – hiervon mindestens 17000 seit 1. Januar 1945 ...

Obgleich die Reinigungsarbeit im Lager schon seit über einer Woche vor unserer Ankunft im Gange war und die Verhältnisse sich schon erheblich gebessert haben mußten, war unser erster und auch fortdauernder Eindruck der eines unglaublichen allgemeinen Schmutzes; der Gestank von Verwesung und Krankheit verpestete noch den ganzen Platz. Eine der ersten Hütten, die wir betraten, war eine der besten ...

Diese Baracke war eine derjenigen, die jetzt als Durchgangshospital für einige der schwersten Unterernährungsfälle benutzt werden. Viele waren unfähig zu sprechen, sie lagen im Dämmerzustand oder folgten uns mit ihren Augen. Einige sprachen frei und zeigten ihre Wunden und schlimmen Schrammen und Beulen, welche nur durch Tritte und Schläge hervorgerufen sein konnten. Sie lagen auf der Erde, auf und unter Decken. Alle waren in einem Zustand vollständiger Abmagerung. Die amerikanischen Behörden teilten uns mit, daß seit ihrer Ankunft die Todeszahl von etwa 100 auf 35 pro Tag herabgesunken wäre. Die gewöhnliche Kleidung war ein zerrissener Rock, Weste oder Baumwolljackett, worunter Oberschenkel hervorsahen, die nicht dicker waren als normale Handgelenke. Ein halbnacktes Skelett, das mühselig wie auf Stelzen den Gang entlangkam, richtete sich auf, als es unsere Gesellschaft sah, lächelte und grüßte. Die medizinischen Mitglieder unserer Delegation waren der Überzeugung, daß ein Prozentsatz derselben wohl nicht überleben würden, selbst bei der Behandlung, die sie jetzt genossen, und daß ein noch größerer Prozentsatz, der wahrscheinlich weiterleben könnte, wahrscheinlich für den Rest des Lebens krank und arbeitsunfähig sein würde.

Bericht einer britischen Parlamentsdelegation

Die Bilanz

Ich, Wilhelm Hoettl, sage hiermit unter Eid aus:
Ende August 1944 unterhielt ich mich mit dem mir seit 1938 bekannten SS-Obersturmbannführer Adolf Eichmann. Die Unterhaltung fand in meiner Wohnung in Budapest statt.

Eichmann war zu diesem Zeitpunkte nach meinem Wissen Abteilungsleiter im Amte IV (Gestapo) des Reichssicherheitshauptamtes und darüber hinaus von Himmler beauftragt, in allen europäischen Ländern die Juden zu erfassen und nach Deutschland zu transportieren. Eichmann stand damals stark unter dem Eindruck des in diesen Tagen erfolgten Kriegsaustrittes Rumäniens. Deswegen war er auch zu mir gekommen, um sich über die militärische Lage zu informieren, die ich täglich vom Ungarischen Honved-(Kriegs-)Ministerium und dem Befehlshaber der Waffen-SS in Ungarn bekam.

Er gab seiner Überzeugung Ausdruck, daß der Krieg nunmehr für Deutschland verloren sei und er damit für seine Person keine weitere Chance mehr habe. Er wisse, daß er von den Vereinigten Nationen als einer der Hauptkriegsverbrecher betrachtet würde, weil er Millionen von Judenleben auf dem Gewissen habe. Ich fragte ihn, wie viele das seien, worauf er antwortete, die Zahl sei zwar ein großes Reichsgeheimnis, doch würde er sie mir sagen, da ich auch als Historiker dafür Interesse haben müßte und er von seinem Kommando nach Rumänien wahrscheinlich doch nicht mehr zurückkommen würde. Er habe kurze Zeit vorher einen Bericht für Himmler gemacht, da dieser die genaue Zahl der getöteten Juden wissen wollte. Er sei auf Grund seiner Informationen dabei zu folgendem Ergebnis gekommen:

In den verschiedenen Vernichtungslagern seien etwa 4 Millionen Juden getötet worden, während weitere zwei Millionen auf andere Weise den Tod fanden, wobei der Großteil davon durch die Einsatzkommandos der Sicherheitspolizei während des Feldzuges gegen Rußland durch Erschießen getötet wurde.

Himmler sei mit dem Bericht nicht zufrieden gewesen, da nach seiner Meinung die Zahl der getöteten Juden größer als sechs Millionen sein müsse. Himmler hatte erklärt, daß er einen Mann von seinem statistischen Amt zu Eichmann schicken wolle, damit dieser auf Grund des Materials von Eichmann einen neuen Bericht verfasse, wo die genaue Zahl ausgearbeitet werden sollte.

Ich muß annehmen, daß diese Information Eichmanns mir gegenüber richtig war, da er von allen in Betracht kommenden Personen bestimmt die beste Übersicht über die Zahl der ermordeten Juden hatte. Erstens »lieferte« er sozusagen durch seine Sonderkommandos die Juden zu den Vernichtungsanstalten und kannte daher diese Zahl genau, und zweitens wußte er als Abteilungsleiter im Amte IV des RSHA, der auch für die Judenangelegenheiten zuständig war, bestimmt am besten die Zahl der auf andere Weise umgekommenen Juden.

Dazu kam, daß Eichmann zu diesem Augenblick durch die Ereignisse bestimmt in einer solchen seelischen Verfassung war, daß er gar nicht die Absicht hatte, mir etwas Unwahres zu sagen.

Ich selbst weiß die Einzelheiten dieses Gespräches deswegen so genau, weil es mich erklärlicherweise sehr bewegt hatte und ich auch bereits vor dem deutschen Zusammenbruch nähere Angaben darüber an eine amerikanische Stelle im neutralen Ausland machte, mit der ich zu diesem Zeitpunkt in Verbindung stand.

Ich schwöre, daß ich die obigen Angaben freiwillig und ohne Zwang gemacht habe und daß die obigen Angaben nach meinem besten Wissen und Gewissen der Wahrheit entsprechen.

Eidliche Erklärung des ehemaligen SS-Sturmbannführers Dr. Wilhelm Hoettl

Oberstleutnant Brookhart: Wann sahen Sie Eichmann zum letztenmal?
Wisliceny: Ich habe Eichmann zuletzt Ende Februar 1945 in Berlin gesehen. Er äußerte damals, daß, wenn der Krieg verloren wäre, er Selbstmord begehen würde.
Oberstleutnant Brookhart: Sagte er damals irgend etwas über die Zahl der getöteten Juden?
Wisliceny: Ja, er drückte das in einer besonders zynischen Weise aus. Er sagte, er würde lachend in die Grube springen, denn das Gefühl, daß er fünf Millionen Menschen auf dem Gewissen hätte, wäre für ihn außerordentlich befriedigend.

Eidliche Zeugenaussage des ehemaligen SS-Hauptsturmführers Dieter Wisliceny in Nürnberg am 3. Januar 1946

Während der Krieg noch andauerte, begann man in den befreiten Gebieten mit der Exhumierung der Opfer.

Einige Monate später stießen die alliierten Truppen auf ihrem Vormarsch durch Polen und Deutschland auf die großen Konzentrationslager, in denen ein Heer durch Krankheit und Entbehrungen entstellter menschlicher Lebewesen die Befreiung erwartete. Oft kamen die alliierten Soldaten zu spät. Viele Häftlinge starben noch in den letzten Tagen vor der Befreiung, viele in den ersten Wochen darauf.

Ungarn

Dachau

An die Lagerkommandanten von Dachau und Flossenbürg.
Die Übergabe kommt nicht in Frage. Das Lager ist sofort zu evakuieren. Kein Häftling darf lebendig in die Hände des Feindes fallen. . .

Heinrich Himmler am 4. April 1945

190

Bergen-Belsen

Buchenwald *(links)*

Wende den Blick zu den Leichenhügeln, Betrachter der Zeitgeschichte, halte nur einen Augenblick inne und denke, dieser arme Rest von Fleisch und Bein sei *Dein* Vater, *Dein* Kind, *Deine* Frau, sei der Mensch, der Dir lieb ist! Dich selbst und Deine Allernächsten, an denen Dein Herz und Dein Sinn hängt, sieh nackt in den Dreck geworfen, gequält, verhungernd, getötet.

Eugen Kogan

Zehntausende von Kindern wurden in Auschwitz vergast. Nur eine kleine Gruppe von Zwillingen, die von den SS-Ärzten für medizinische Experimente ausgesucht worden waren, erlebte die Befreiung durch die Rote Armee.
Bereitwillig zeigten die Kinder den Fotografen die eintätowierten Nummern auf ihren Armen.

Gesprengte Gaskammern in Auschwitz

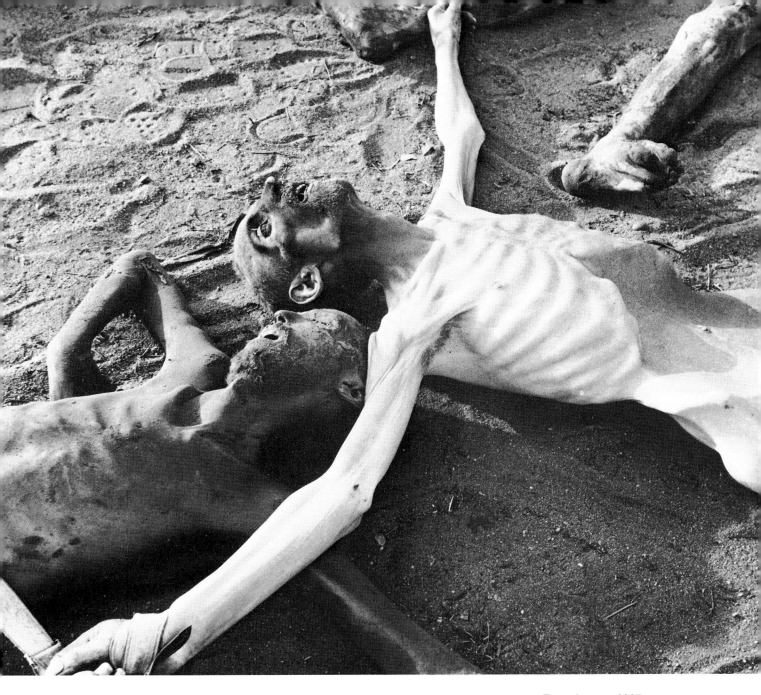

Ecce homo 1945

Typhusbaracke, Belsen *(rechts)*

Die Leichen blieben zwischen den Lebenden liegen. Es war schwer zu unterscheiden, wer tot war und wer noch lebte. Wir waren einander alle so ähnlich. Bis auf die Knochen abgemagerte Körper, und in den Augen jener rätselhafte, entsetzte Ausdruck. Die Toten begrub niemand. Wer noch atmete, wartete auf das Wunder, und in seiner Seele glimmte noch ein Funke Hoffnung. Viele jedoch unterlagen trotz aller Bemühungen, sich zu erhalten, und starben noch wenige Tage, oft wenige Stunden vor der Befreiung.

Bericht von Zdenka Vantlova

196

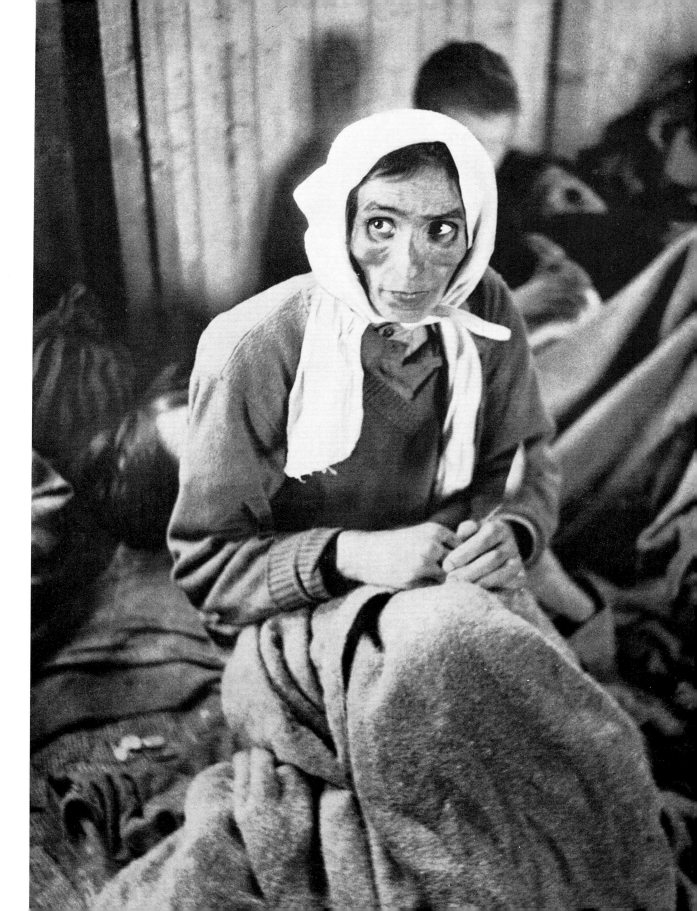

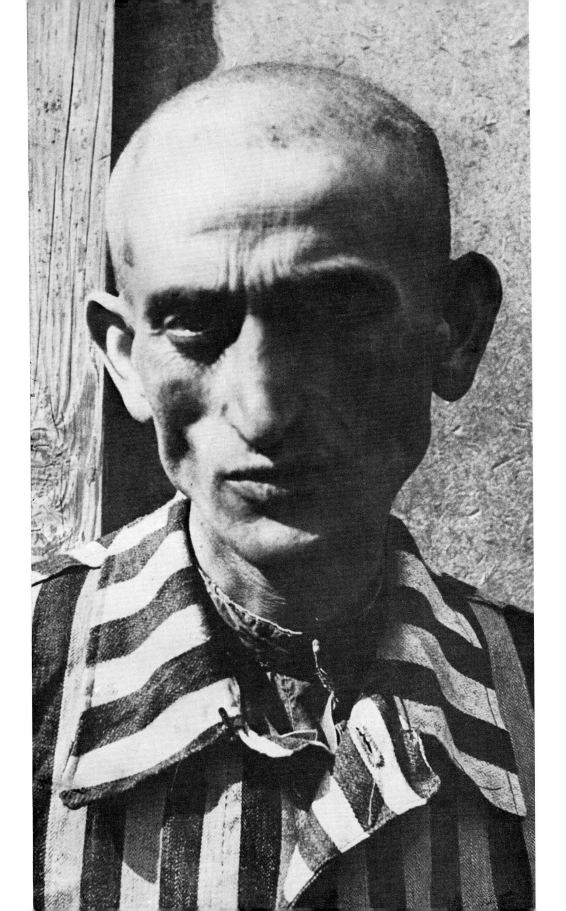

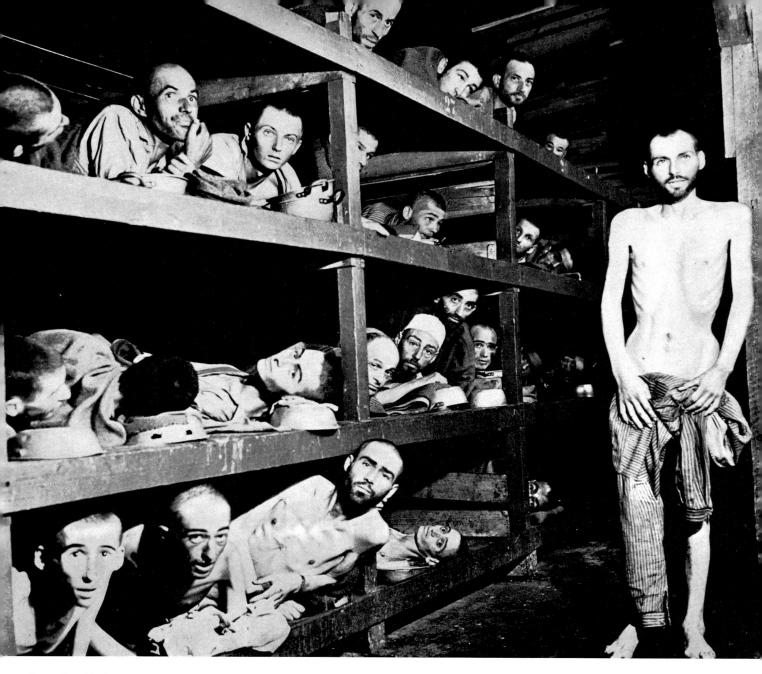

Befreite Häftlinge in Dachau *(links)*, **Buchenwald und Wobbelin** *(Seite 200–201)*

Amerikanische Ärzte stellten fest, daß die Häftlinge im Durchschnitt zwischen 28 und 36 Kilogramm wogen. Die meisten hatten fünfzig bis sechzig Prozent ihres normalen Gewichts verloren und waren unter ihre normale Größe zusammengeschrumpft. Die schwere Haftzeit hatte in vielen Fällen unheilbare körperliche und seelische Schäden hervorgerufen.

Viele Überlebende besaßen nicht mehr die Kraft, sich zu erheben, und blieben apathisch in ihren Baracken liegen. Die wenigen Gesunden mußten helfen, ihre Kameraden zu begraben und das Lager aufzuräumen, um die Seuchengefahr einzudämmen.

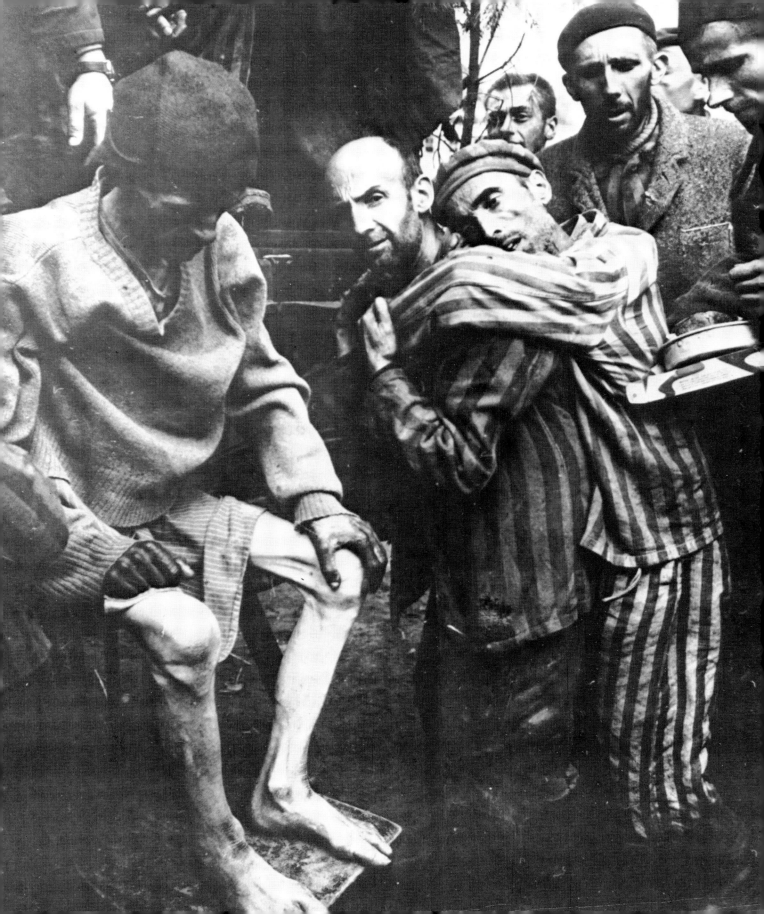

In der Nacht vom 20-21.1.44 aus der Wohnung
Promenade des Anglais, NYONS - Dröme von der Gestapo
verhaftet und zum Fort Montluc - LYON transportiert
vom 28.1.44 bis 3.2.44 Aufenthalt in Drancy bei PARIS
ab 3.2.44 deportiert, ohne jede Nachricht.
evtl. Nachrichten an Louis LAZAR, NYONS (Dröme) France

LAZAR Berthe   LAZAR Ruth   LAZAR Günther
née Salmon   né le 20.4.1926   né le 12.9.1927
né le 5.2.1903

LAZAR Kurt   LAZAR Francine   STRAUSS Werner
né le 27.3.1931   né le 23.6.1939   né le 24.10.1928

Gesucht

Oft mußten die Überlebenden erfahren, daß sie als einzige einer großen Familie übriggeblieben waren. Häufig konnte ihnen noch nicht einmal jemand sagen, wann und wo ihre Angehörigen gestorben waren. Vielleicht hatte man sie schon vor Jahren in Auschwitz verbrannt, vielleicht waren sie auch unter dem namenlosen Heer der Toten, die britische Soldaten in Belsen mit dem Bulldozer zu Tausenden in große Massengräber schoben... Für Dr. Klein, den Lagerarzt von Belsen, waren sie alle nur Ungeziefer (S.204-205)

203

Die Auschwitzer Aufseherinnen in Belsen und ihre Opfer

Die Hauptangeklagten in Nürnberg

Wer ist schuld? Jene, die den Mord befahlen, die ihn ausführten, die daran verdienten, oder jene, die dazu schwiegen?

Die Henker beriefen sich auf höchste Befehle, aber die Führer des Dritten Reiches konnten sich an nichts erinnern. Soweit sie sich nicht durch Selbstmord dem Gericht entzogen, boten sie ein klägliches Bild. Jahrelang waren sie vor keinem Verbrechen zurückgeschreckt. Nun wollte es keiner gewesen sein.

Göring, der die »Endlösung« befohlen hatte, leugnete, von den Massenmorden gewußt zu haben. Kaltenbrunner, Heydrichs Nachfolger im RSHA, schob alle Schuld auf den toten Himmler. Ribbentrop, der Außenminister, stellte sich als einflußlosen Büroboten Hitlers dar; Keitel, der Chef des Oberkommandos der Wehrmacht, behauptete, getäuscht worden zu sein, und Streicher, der Einpeitscher der antisemitischen Mordhetze, bezeichnete sich als harmlosen Schriftsteller.

Gefangene SS-Wachmannschaft in Belsen

Die verflossenen vierzig Jahre des 20. Jahrhunderts werden in den Büchern der Geschichte zu den blutigsten aller Zeiten gerechnet werden. Zwei Weltkriege haben ein Vermächtnis von Toten hinterlassen, das an Zahl größer ist als alle Armeen, die an irgendeinem Krieg des Altertums oder des Mittelalters beteiligt waren. Kein halbes Jahrhundert hat je ein Hinschlachten in solchem Ausmaß, solche Grausamkeiten und Unmenschlichkeiten, solche Massendeportationen von Völkern in die Sklaverei, solche Ausrottungen von Minderheiten gesehen. Der Schrecken des Torquemada verblaßt gegenüber der Nazi-Inquisition.
Diese Taten sind düstere historische Tatsachen, welche zukünftige Generationen an dieses Jahrhundert erinnern werden. Wenn wir nicht in der Lage sind, die Ursachen dieser barbarischen Geschehnisse auszuschalten und ihre Wiederholung zu verhindern, dann ist es wohl keine verantwortungslose Prophezeiung, wenn man sagt, daß es diesem 20. Jahrhundert vielleicht noch gelingen wird, das Verhängnis für die Zivilisation herbeizuführen.

Robert H. Jackson, der amerikanische Hauptankläger in Nürnberg

Wir führten in vielen Sprachen den gleichen, harten, erbarmungslosen, opferreichen Kampf, und dieser Kampf ist noch nicht zu Ende.

Die Vernichtung des Nazismus mit seinen Wurzeln ist unsere Losung. Der Aufbau einer neuen Welt des Friedens und der Freiheit ist unser Ziel.

Das sind wir unseren gemordeten Kameraden, ihren Angehörigen schuldig.

Schwur der Häftlinge von Buchenwald, April 1945

Dieses Buch konnte in der kurzen Frist von knapp zwei Jahren entstehen, weil ihm die umfangreiche Arbeit der Erforschung der Geschichte des Dritten Reiches zugute kam, die seit Kriegsende von mehreren großen Instituten geleistet worden ist. Sie alle haben dem Herausgeber die Sammlungen ihrer Archive zugänglich gemacht und ihn bei seinem Vorhaben in jeder Weise unterstützt. Der Dank dafür gebührt vor allem

Herrn Dr. Léon Czertok, Generalsekretär des Centre de Documentation Juive Contemporaine, Paris,
Herrn Dr. Louis de Jong, Direktor des Rijksinstituut voor Oorlogsdocumentatie, Amsterdam,
Herrn Dr. Helmut Krausnick, Direktor des Instituts für Zeitgeschichte, München,
Herrn Prof. Dr. Bernard Mark s.A., Direktor des Zydowski Instytut Historyczny, Warschau,
Herrn Mgr. Kazimierz Smolen, Direktor des Panstwowe muzeum, Auschwitz,,
Frau Dr. Hana Volavkova, Direktor des Statni zidovske museum, Prag, und
Herrn Dr. Alfred Wiener s.A., Direktor der Wiener Library, London.

Ihre liebenswürdige Hilfe hat die Entstehung dieses Buches überhaupt erst möglich gemacht.

Madame Olga Wormser und Herr Ulrich Hessel, Paris, Herr Dr. Leo Kahn, London, und Herr Drs. A. H. Paape, Amsterdam, Frau Doris Biedermann, Herr Hanno Kremer und Herr Ludwig Thürmer, Berlin, haben alle auf die eine oder andere Weise bei der Vorbereitung des Buches unentbehrliche Hilfe geleistet. Ihnen und allen ungenannten Freunden und Helfern innerhalb und außerhalb der Institute sei an dieser Stelle ebenfalls aufrichtig gedankt.

Eine reichhaltige Quelle teilweise unbekannten Materials waren die von der Jüdischen Historischen Kommission in Polen besorgten Dokumentationen. Wertvolle Informationen und Hinweise verdankt der Herausgeber drei für die Behandlung dieses Themas grundlegenden Werken: Gerald Reitlingers Studie »Die Endlösung«, der ersten systematischen Darstellung der Judenausrottung 1939–1945, sowie den beiden Bänden der Dokumentensammlung von Léon Poliakov und Josef Wulf »Das Dritte Reich und die Juden« und »Das Dritte Reich und seine Diener«.

»Der gelbe Stern« in der vorliegenden Fassung ist eine revidierte und ergänzte Neuauflage des Buches, das Ende 1960 zum ersten Mal erschien, wiederholt neu aufgelegt wurde, seit mehreren Jahren aber vergriffen war. Die Aufnahme einer Auswahl in der Zwischenzeit neu entdeckter Fotos machte eine Reihe redaktioneller Änderungen erforderlich. Text, Zeittafel, Quellenregister und Literaturhinweise wurden kritisch durchgesehen und auf den neuesten Stand gebracht.

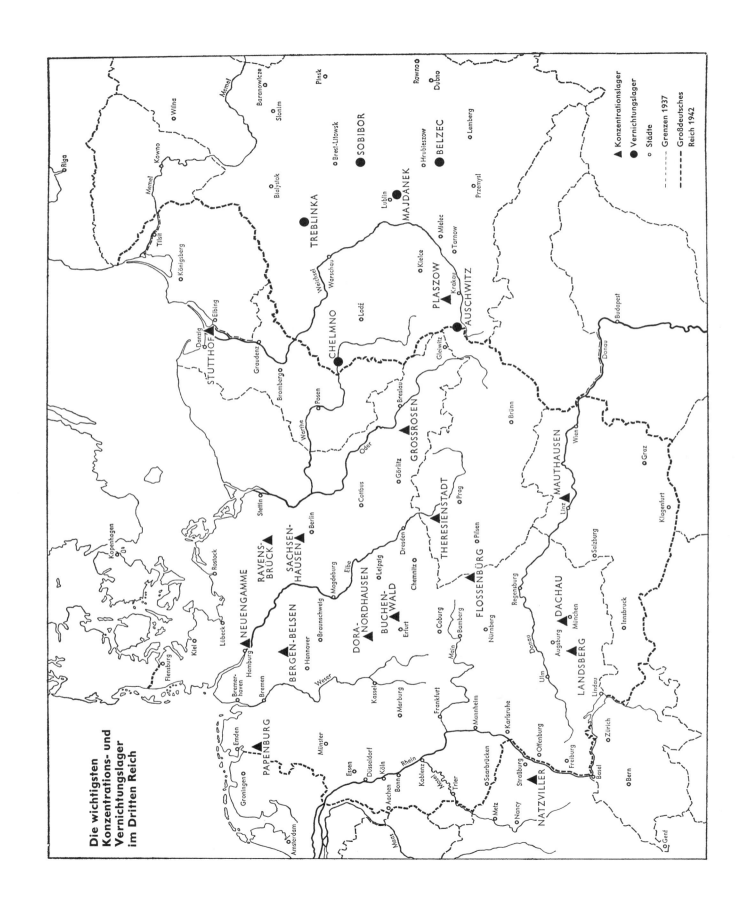

**Die wichtigsten
Konzentrations- und
Vernichtungslager
im Dritten Reich**

Konzentrationslager
Vernichtungslager
Städte
Grenzen 1937
Großdeutsches
Reich 1942

STUTTHOF
NEUENGAMME
RAVENS-
BRÜCK
SACHSEN-
HAUSEN
BERGEN-BELSEN
DORA-
NORDHAUSEN
BUCHEN-
WALD
PAPENBURG
FLOSSENBÜRG
THERESIENSTADT
GROSSROSEN
DACHAU
LANDSBERG
MAUTHAUSEN
NATZVILLER
PLASZOW
AUSCHWITZ
CHELMNO
TREBLINKA
MAJDANEK
SOBIBOR
BELZEC

Riga
Wilna
Memel
Kowno
Baranowicze
Slonim
Pinsk
Rowno
Dubno
Brest-Litowsk
Lemberg
Hrubieszow
Przemysl
Königsberg
Tilsit
Elbing
Danzig
Graudenz
Bromberg
Bialystok
Warschau
Lublin
Mielec
Tarnow
Kielce
Krakau
Gleiwitz
Breslau
Görlitz
Posen
Lodz
Cottbus
Brünn
Budapest
Stettin
Berlin
Magdeburg
Leipzig
Dresden
Chemnitz
Prag
Pilsen
Wien
Graz
Klagenfurt
Rostock
Lübeck
Kopenhagen
Kiel
Flensburg
Hamburg
Bremer-
haven
Bremen
Hannover
Braunschweig
Erfurt
Coburg
Bamberg
Nürnberg
Regensburg
München
Salzburg
Innsbruck
Linz
Augsburg
Ulm
Lindau
Zürich
Bern
Basel
Freiburg
Offenburg
Straßburg
Karlsruhe
Mannheim
Frankfurt
Saarbrücken
Metz
Nancy
Trier
Koblenz
Bonn
Aachen
Köln
Düsseldorf
Essen
Münster
Emden
Groningen
Amsterdam
Gent
Kassel
Marburg

Memel
Weichsel
Warthe
Oder
Elbe
Weser
Rhein
Main
Donau
Mosel
Maas

Zeittafel

1933

30. Januar	Hindenburg beruft Hitler zum Reichskanzler
2. Februar	Allgemeines Demonstrationsverbot
24. Februar	SA, SS und Stahlhelm werden »Hilfspolizei«
27. Februar	Reichstagsbrand; erste große Verhaftungswelle
28. Februar	Verordnung »Zum Schutze von Volk und Staat«: Aufhebung der demokratischen Grundrechte
5. März	Letzte Reichstagswahlen; die NSDAP erhält 44 Prozent der Stimmen. Erste »Einzelaktionen« gegen jüdische Bürger
23. März	Der Reichstag beschließt gegen die Stimmen der SPD das »Ermächtigungsgesetz«. Errichtung der ersten Konzentrationslager
1. April	Boykott aller jüdischen Geschäfte in Deutschland durch die SA
7. April	Gesetz zur Wiederherstellung des Berufsbeamtentums: Ausschaltung aller »nichtarischen« Beamten
26. April	Gründung der Gestapo
2. Mai	Auflösung der freien Gewerkschaften
10. Mai	Bücherverbrennung: Verbot der demokratischen Literatur
14. Juli	Errichtung des Einparteienstaates Gesetz über Widerruf von Einbürgerungen und Aberkennung der deutschen Staatsbürgerschaft
22. September	Reichskulturkammer-Gesetz: Ausschaltung der Juden
4. Oktober	Schriftleiter-Gesetz: Ausschaltung der Juden
12. November	Erste Reichstagswahlen im Einparteienstaat: 92 Prozent der Stimmen für die NSDAP

1934

7. Februar	Der Reichsverteidigungsrat beschließt die wirtschaftliche Kriegsvorbereitung
30. Juni bis 2. Juli	Niederschlagung des »Röhmputsches«: die Juni-Morde
20. Juli	Die SS wird selbständige Organisation
25. Juli	Putschversuch der NSDAP in Wien, Ermordung des österreichischen Bundeskanzlers Dollfuß
2. August	Tod Hindenburgs. Hitler wird Staatsoberhaupt und Oberbefehlshaber der Wehrmacht

1935

3. Januar	Abstimmung im Saargebiet für Rückkehr ins Deutsche Reich
16. März	Wiedereinführung der allgemeinen Wehrpflicht
21. Mai	Wehrgesetz: »arische Abstammung« Voraussetzung zum Heeresdienst
Sommer	Die »Juden unerwünscht«-Schilder an Ortseingängen, vor Geschäften und Restaurants nehmen zu
15. September	»Reichsparteitag« der NSDAP. Der Reichstag beschließt auf einer Sondersitzung die antisemitischen Nürnberger Gesetze, das »Reichsbürgergesetz« und das »Gesetz zum Schutze des deutschen Blutes und der deutschen Ehre«

1936

7. März	Remilitarisierung des Rheinlandes
29. März	Volksbefragung: 99 Prozent aller Stimmen für Hitlers Politik
18. Juli	Faschistischer Militärputsch gegen die spanische Republik; Beginn des Bürgerkrieges
1. August	Eröffnung der Olympischen Spiele in Berlin. Vorübergehende Entfernung der antisemitischen Schilder
25. Oktober	Gründung der »Achse« Rom-Berlin
25. November	Antikominternpakt Deutschland-Japan

1937

5. November	Geheime Besprechung in der Reichskanzlei: Hitler gibt seine Kriegspläne bekannt
6. November	Beitritt Italiens zum Antikominternpakt

1938

13. März	»Anschluß« Österreichs
28. März	Die jüdischen Gemeinden, bisher Körperschaften öffentlichen Rechts, werden private Vereine
22. April	Verordnung gegen »Tarnung jüdischer Gewerbebetriebe«
26. April	Verordnung über die Anmeldung jüdischen Vermögens: Vorbereitung der Ausschaltung aus der Wirtschaft
14. Juni	Verordnung über die Registrierung und Kennzeichnung jüdischer Gewerbebetriebe
15. Juni	»Asozialen-Aktion«: Verhaftung aller »vorbestraften« Juden, einschließlich der wegen Verkehrsvergehen u. ä. Belangten
6. Juli	Konferenz von Evian: Beratung über Einwanderungsquoten für Flüchtlinge aus Hitler-Deutschland
23. Juli	Einführung einer Kennkarte für Juden ab 1. Januar 1939
25. Juli	Approbationen jüdischer Ärzte erlöschen am 30. September 1938
17. August	»Jüdische Vornamen« (Sara bzw. Israel) ab 1. Januar 1939
27. September	Jüdische Rechtsanwälte müssen ab 30. November ausscheiden

1938

29. September	Münchener Abkommen: Anschluß der Sudetengebiete
5. Oktober	Reisepässe von Juden werden mit »J« gekennzeichnet
28. Oktober	Vertreibung von 17000 »staatenlosen« Juden aus Deutschland über die Grenze nach Polen
7. November	Herschel Grynszpan, dessen Eltern von dieser Aktion betroffen sind, erschießt ein Mitglied der deutschen Botschaft in Paris, um gegen das Unrecht zu protestieren
9. November	»Reichskristallnacht«: Staatlich organisierter Pogrom gegen die Juden in Deutschland
12. November	Göring-Konferenz beschließt »Sühneleistung der Juden« in Höhe von einer Milliarde Reichsmark, Ausschaltung aus dem Wirtschaftsleben und Ausschluß von allen kulturellen Veranstaltungen Verhaftung von über 26000 jüdischen Männern
15. November	Jüdische Kinder vom allgemeinen Schulbesuch ausgeschlossen
28. November	Einführung von Wohnbeschränkungen für Juden
13. Dezember	Verordnung über Zwangsveräußerung (»Arisierung«) jüdischer Gewerbebetriebe, Geschäfte usw.

1939

17. Januar	Aufhebung des Mieterschutzes für Juden
30. Januar	Hitler prophezeit vor dem Reichstag für den Fall eines Krieges »die Vernichtung der jüdischen Rasse in Europa«
15. März	Einmarsch deutscher Truppen in die Tschechoslowakei; Bildung des »Protektorats Böhmen und Mähren«
23. März	Einmarsch deutscher Truppen ins Memelgebiet
10. April	Geheimbericht der Gestapo registriert 302535 politische Häftlinge im Dritten Reich. Gesamtzahl seit 1933: eine Million
18. Mai	»Der Stürmer« fordert die Ermordung der Juden in der Sowjetunion
23. August	Deutsch-sowjetischer Nichtangriffspakt
1. September	Deutscher Überfall auf Polen: Beginn des zweiten Weltkrieges. Verhaftung aller ehemaligen KZ-Häftlinge
1. bis 21. September	SS und Wehrmacht organisieren zahlreiche Pogrome in Polen
3. September	Großbritannien und Frankreich erklären Deutschland den Krieg
17. September	Sowjetische Besetzung Ostpolens
27. September	Warschau kapituliert
12. Oktober	Erste Deportation von Juden aus Österreich und Mähren nach Polen
28. Oktober	Erste Einführung des Judensterns in Wloclawek, Polen
8. November	Hans Frank wird zum Generalgouverneur ernannt. Attentat auf Hitler in München
23. November	Einführung des Judensterns im ganzen Generalgouvernement

1940

10. bis 12. Februar	Erste Deportation aus den Bezirken Stettin, Stralsund und Schneidemühl in den Distrikt Lublin, Polen
9. April	Deutscher Überfall auf Dänemark und Norwegen
30. April	Erstes Ghetto in Lodz errichtet
10. Mai	Deutscher Überfall auf Holland, Belgien und Luxemburg; Angriff auf Frankreich
15. Mai	Holland kapituliert
28. Mai	Belgien kapituliert
10. Juni	Italien tritt in den Krieg ein
22. Juni	Frankreich kapituliert
15. August	Eichmanns Madagaskar-Plan
27. September	Dreimächtepakt Deutschland-Italien-Japan
16. Oktober	Befehl zur Gründung des Warschauer Ghettos
22. Oktober	»Aktion Bürckel«: Judendeportation aus Baden, der Pfalz und dem Saargebiet nach Südfrankreich; von dort Ende 1942 nach Auschwitz
15. November	Hermetische Abriegelung des Warschauer Ghettos

1941

Februar bis April	Deportation von 72000 Juden ins Warschauer Ghetto
22. bis 23. Februar	400 jüdische Geiseln aus Amsterdam nach Mauthausen deportiert
1. März	Bulgarien tritt in den Krieg ein
7. März	Einsatz der deutschen Juden zur Zwangsarbeit
24. März	Deutscher Angriff in Afrika
6. April	Deutscher Überfall auf Jugoslawien und Griechenland
17. April	Jugoslawien kapituliert
20. April	Griechenland kapituliert
14. Mai	Verhaftung von 3600 Pariser Juden
Ende Mai	Bildung der Einsatzgruppen
22. Juni	Deutscher Überfall auf die Sowjetunion. Erneute große Verhaftungswelle in ganz Deutschland
28. Juni	Pogrom in Kowno, Litauen (3800 Opfer)
2./3. Juli	Pogrom in Lemberg (7000 Opfer)
8. Juli	Einführung des Judensterns in den baltischen Staaten
11. Juli	Massaker in Bialystok
31. Juli	Göring beauftragt Heydrich mit der Evakuierung der europäischen Juden; Beginn der »Endlösung«
15. September	Einführung des Judensterns im Deutschen Reich für alle Juden vom 6. Lebensjahr an
19. September	Liquidierung des Ghettos Schitomir, Ukraine (18000) Opfer
23. September	Erste Versuchsvergasungen in Auschwitz
27. September	Heydrich wird Reichsprotektor von Böhmen und Mähren
28./29. September	Massaker in Kiew (34000 Opfer)
12./13. Oktober	Massaker in Dnjepropetrowsk (11000 Opfer)
14. Oktober	Befehl zur Verschleppung deutscher Juden nach Lodz; Beginn der allgemeinen Deportationen aus dem Reich

1941

Ende Oktober	Massaker in Riga, Wilna, Kowno und Dwinsk
6. November	Massenerschießung in Rowno (15000 Opfer); Ankunft der ersten deutschen Juden in Riga, Minsk und Kowno und ihre Erschießung
25. November	Verordnung über die Einziehung jüdischen Vermögens bei Deportation Erstes Massaker in Rostow
7. Dezember	Japanischer Überfall auf Pearl Harbor: Krieg mit den Alliierten und den USA
8. Dezember	Blutbad von Riga (27000 Opfer)
11. Dezember	Deutschland erklärt den USA den Krieg
22. Dezember	Blutbad von Wilna (32000 Opfer)
30. Dezember	Blutbad von Simferopol, Krim (10000 Opfer)
Ende Dezember	Ständiges Vernichtungslager in Chelmno errichtet

1942

15. Januar	Beginn der »Umsiedlungsaktion« im Lodzer Ghetto: Abtransport nach Chelmno
20. Januar	Wannsee-Konferenz Heydrichs über die sogenannte »Endlösung der Judenfrage« in Europa
31. Januar	Bericht der Einsatzgruppe A über die Liquidierung von 229052 Juden in den baltischen Staaten
Ende Januar	Beginn der Deportationen nach Theresienstadt
Februar/März	Massenmord an den Juden von Charkow (14000 Opfer)
16. März	Vernichtungslager Belzec errichtet
17. bis 21. März	»Umsiedlung« des Lubliner Ghettos: Abtransport nach Belzec, Majdanek und anderen Lagern (26000 Menschen)
28. März	Die ersten slowakischen Juden treffen im Lager Auschwitz-Birkenau ein Erster Transport Paris–Auschwitz
April bis Juli	»Umsiedlung« auf ganz Polen ausgedehnt. Neue Judentransporte aus dem Deutschen Reich in die polnischen Todeslager
26. April	Der Reichstag bestätigt Hitlers Aufhebung der Rechtsordnung
18. Mai	Vernichtungslager Sobibor, Distrikt Lublin, errichtet
27. Mai	Attentat tschechischer Patrioten auf Heydrich in Prag
1. Juni	Einführung des Judensterns in Frankreich und Holland
23. Juni	Erste Selektion für die Gaskammer in Auschwitz
Juli	Massaker in Minsk, Lida, Slonim und Rowno
15. Juli	Erster Deportationszug aus Holland nach Auschwitz. Großrazzia in Paris
22. Juli	Warschauer »Umsiedlung« beginnt: Abtransport in die Vernichtungslager Belzec und Treblinka
4. August	Erste Deportation aus Belgien nach Auschwitz
10. bis 22. August	»Umsiedlung« im Lemberger Ghetto
Mitte August	Deutsche Truppen im Kaukasus

1942

26. bis 28. August	Verhaftung von 7000 staatenlosen Juden im unbesetzten Frankreich
August/ September	Deportationen aus Zagreb, Kroatien, nach Auschwitz; Vergasung aus Theresienstadt deportierter Juden bei Minsk, Bjelorußland
9. September	Massaker in Kislowodsk, Kaukasus
16. September	»Umsiedlung« im Ghetto Lodz beendet (55000 Opfer)
30. September	Hitler wiederholt öffentlich seine Voraussage der Vernichtung des Judentums
3. Oktober	»Umsiedlung« im Ghetto Warschau beendet (310000 Menschen)
4. Oktober	Die deutschen Konzentrationslager werden »judenfrei«: alle jüdischen Häftlinge kommen nach Auschwitz
18. Oktober	Das Reichsjustizministerium überträgt die Verantwortung für Juden und Ostbürger im Reich an die Gestapo
28. Oktober	Erster Teil des »Einsatz Reinhard« beendet. Über fünfzig Ghettos in Polen
29. Oktober	Massenexekution der Juden in Pinsk, Bjelorußland (16000 Opfer)
7. November	Alliierte Landung in Nordafrika
22. November	Beginn der sowjetischen Gegenoffensive
25. November	Erste Judendeportation aus Norwegen nach Auschwitz
17. Dezember	Die Alliierten versprechen feierlich die Sühnung der Judenausrottung

1943

18. Januar	Erster Widerstand gegen die Deportationen im Warschauer Ghetto
20. bis 26. Januar	Transporte aus dem Ghetto Theresienstadt nach Auschwitz
2. Februar	Die Sechste deutsche Armee ergibt sich bei Stalingrad
5. bis 12. Februar	Erste »Umsiedlung« in Bialystok
27. Februar	Deportation der jüdischen Rüstungsarbeiter aus Berlin nach Auschwitz
März	Transporte aus Holland nach Sobibor; aus Prag, Wien, Luxemburg und Mazedonien nach Treblinka
März/Mai	Zweite »Umsiedlung« in Kroatien
13. März	Auflösung des Ghettos in Krakau Das erste der neuen Krematorien in Auschwitz eröffnet Versuch eines Attentats auf Hitler durch Offiziere der Heeresgruppe Mitte in der Sowjetunion
15. März	Deportationen aus Saloniki und Thrazien
19. April	Bermuda-Konferenz: Beratung über Einwanderungsquoten für Flüchtlinge aus dem besetzten Europa
19. April bis 16. Mai	Aufstand und Vernichtung des Warschauer Ghettos
9. Mai	Kapitulation der letzten deutsch-italienischen Streitkräfte in Nordafrika
11. Juni	Himmler befiehlt die Liquidierung aller polnischen Ghettos; Erlaß am 21. auf die Sowjetunion ausgedehnt

1943

21. bis 27. Juni	Liquidierung des Lemberger Ghettos (20000 Menschen)
25. Juni	Aufstand und Vernichtung des Ghettos Tschenstochau
9. Juli	Alliierte Landung auf Sizilien
2. August	Aufstand in Treblinka
August	Exhumierungsaktion in Kiew und den Todeslagern nach Vormarsch der sowjetischen Truppen
16. bis 23. August	Aufstand und Vernichtung des Ghettos Bialystok
8. September	Italien schließt Waffenstillstand mit den Alliierten. Deutsche Truppen besetzen Nord- und Mittelitalien
11. September	Beginn der deutschen Razzia auf Juden in Nizza
11. bis 14. September	Liquidierung der Ghettos in Minsk und Lida
11. bis 18. September	»Familientransporte« aus Theresienstadt nach Auschwitz
23. September	Liquidierung des Ghettos Wilna
25. September	Smolensk von sowjetischen Truppen zurückerobert. Liquidierung aller Ghettos in Bjelorußland
13. Oktober	Italien erklärt Deutschland den Krieg
14. Oktober	Aufstand in Sobibor
18. Oktober	Erster Judentransport Rom–Auschwitz
3. November	Liquidierung des Ghettos Riga Ermordung der im Konzentrationslager Majdanek verbliebenen Juden (17000 Opfer)
6. November	Kiew von sowjetischen Truppen zurückerobert
28. November	Konferenz von Teheran
15. bis 19. Dezember	Erster Prozeß gegen deutsche Kriegsverbrecher in Charkow

1944

15. März	Sowjetische Truppen überqueren den Bug
28. März	Sowjetische Truppen in Galizien
10. April	Transnistrien, Bukowina und Bessarabien befreit
14. April	Erster Judentransport Athen–Auschwitz
15. Mai bis 8. Juli	Deportation von 476000 Juden aus Ungarn nach Auschwitz
4. Juni	Die Alliierten in Rom
6. Juni	Beginn der alliierten Invasion
23. Juni	Beginn der sowjetischen Offensive
20. Juli	11. erfolgloses Attentat auf Hitler. 170 Hinrichtungen und 7000 Verhaftungen
24. Juli	Sowjetische Truppen befreien das Konzentrationslager Majdanek
25. Juli	Ghetto Kowno evakuiert
6. August	Deportation von 27000 Juden aus Lagern östlich der Weichsel nach Deutschland
23. August	Sammellager Drancy (Paris) befreit Rumänien kapituliert
5. September	Ghetto Lodz evakuiert
11. September	Britische Truppen erreichen Holland
13. September	Sowjetische Truppen an der slowakischen Grenze

1944

September	Abtransport aller Juden in holländischen Lagern nach Deutschland. Neue Deportationen Theresienstadt–Auschwitz. Letzter Transport aus Frankreich nach Auschwitz
14. September	Amerikanische Truppen an der deutschen Grenze
23. September	Blutbad im Lager Kluga, Estland Wiederaufnahme der Deportationen aus der Slowakei
7. Oktober	Ausbruchsversuch in Auschwitz-Birkenau
18. Oktober	Hitler befiehlt die Aufstellung des Volkssturms
Ende Oktober	Die Überlebenden des Konzentrationslagers Plaszow (Krakau) nach Auschwitz transportiert Letzte Vergasungen in Auschwitz
November	Prozeß gegen den Stab des Vernichtungslagers Majdanek in Lublin
3. November	Sowjetische Truppen vor Budapest
8. bis 18. November	Eichmann deportiert 38000 Juden aus Budapest in die Konzentrationslager Buchenwald, Ravensbrück u. a.
26. November	Befehl Himmlers zur Zerstörung der Krematorien in Auschwitz-Birkenau

1945

16. Januar	Sowjetische Truppen befreien 800 Juden in Tschenstochau und 870 in Lodz
17. Januar	Befreiung von 80000 Juden in Budapest
26. Januar	Auschwitz durch sowjetische Truppen befreit
4. Februar	Konferenz von Jalta, Krim
5. März	Amerikanische Truppen am Rhein
19. März	Hitler befiehlt die Zerstörung ganz Deutschlands
6. bis 10. April	Evakuierung von 15000 Juden aus Buchenwald
11. April	Buchenwald von amerikanischen Truppen befreit
15. April	Konzentrationslager Bergen-Belsen von britischen Truppen befreit
20. April	Amerikanische Truppen in Nürnberg
23. April	Mauthausen vom Internationalen Roten Kreuz übernommen Sowjetische Truppen vor Berlin
23. April bis 4. Mai	Evakuierung der Häftlinge aus Sachsenhausen (Berlin) und Ravensbrück. Letzte Massaker der SS-Wachmannschaften
25. April	Begegnung amerikanischer und sowjetischer Truppen an der Elbe
28. April	Dachau von amerikanischen Truppen befreit
30. April	Hitler begeht Selbstmord
2. Mai	Berlin kapituliert
7. Mai	Bedingungslose Kapitulation Deutschlands; Ende des Krieges in Europa
10. Mai	Theresienstadt befreit
23. Mai	Himmler begeht Selbstmord
26. Juni	Gründung der Vereinten Nationen
6. August	Erste Atombombe auf Hiroshima
15. August	Japan kapituliert. Ende des 2. Weltkrieges
22. November	Beginn des Nürnberger Prozesses

Textquellen

Um die Originaltreue der Dokumente zu wahren, wurde die unterschiedliche und teilweise fehlerhafte Schreibweise der Personen- und Ortsnamen unkorrigiert übernommen.
Im Interesse der leichteren Lesbarkeit und einer möglichst umfassenden Information bei knapper Seitenzahl war eine strenge Beschränkung auf die für den jeweiligen Vorgang wesentlichen Textstellen geboten. Bei den im Buch wiedergegebenen amtlichen Dokumenten und Zeugenaussagen handelt es sich daher ausnahmslos um Auszüge, soweit nicht ausdrücklich etwas anderes angegeben ist.
Die Quelle, wo das vollständige Dokument eingesehen werden kann, ist jeweils im Register angegeben.

Für die Institute, in denen die Dokumente sich befinden, wurden folgende Abkürzungen verwendet:

CDJC: Centre de Documentation Juive Contemporaine, Paris
RvO: Rijksinstituut voor Oorlogsdocumentatie, Amsterdam
WL: The Wiener Library, London
YW: Yad Washem, Jerusalem
ZIH: Zydowski Instytut Historyczny, Warschau

10 1. *Der Stürmer*, September 1935, Nr. 39, S. 8
    2. *Der Stürmer*, Januar 1935, Nr. 2, S. 5
    (Westf.-Niederrh. Institut für Zeitungsforschung der Stadt Dortmund)
11 1. *Reichsgesetzblatt*, Jg. 1935, Teil I, Nr. 100, S. 1145f.
    2. Stuckart/Globke, *Kommentare zur deutschen Rassegesetzgebung*, Bd. I, München und Berlin 1936, S. 9ff.
12 1. Geheimes Fernschreiben der Geheimen Staatspolizei vom 9. 11. 1938; *Dokumente zur Reichskristallnacht*, Beilage zur Wochenzeitung »Das Parlament«, S. 581
    2. Vollzugsmeldung der SA-Brigade 50, Darmstadt, vom 11. 11. 1938, PS-1721; Internationales Militärtribunal = IMT, *Der Prozeß gegen die Hauptkriegsverbrecher*, Nürnberg 1947–49, Bd. XXVII, S. 487ff.
    3. Vollzugsmeldung des SS-Sturms 10/25, Geldern, vom 14. 11. 1938; N. Blumental (Hrsg.), *Slowa niewinne*, Centrala Zydowska Komisja Historyczana w Polsce, Krakau-Lodz-Warschau 1947, S. 37
13 Alfred Rosenberg, *Der Mythus des 20. Jahrhunderts*, München 1930, S. 670
14 *Vossische Zeitung*, 4. 3. 1933, in: *Das Schwarzbuch*, Tatsachen und Dokumente – Die Lage der Juden in Deutschland 1933, hrsg. vom Comité des Délégations Juives, Paris 1934, S. 58
17 *Völkischer Beobachter*, 3. 4. 1933, in: *Das Schwarzbuch* (s. o.), S. 65
19 1. Heinrich Heine, *Almansor*, in: Ernst Elster (Hrsg.), *Heines Werke*, Bibliographisches Institut Leipzig, o. J., Bd. III, S. 197
    2. *Frankfurter Zeitung*, in: *Das Schwarzbuch* (s. o.), S. 438
20 *Westdeutscher Beobachter*, 16. 8. 1935 (WL)
23 Protokoll der Sitzung im Reichsluftfahrtministerium am 12. 11. 1938, PS-1816; *Dokumente zur Reichskristallnacht* (s. 12/1.), S. 587
30 Schnellbrief des Chefs der SIPO und des SD vom 21. 9. 1939, PS-3363; T. Berenstein, A. Eisenbach, A. Rutkowski (Hrsg.), *Eksterminacja Zydow na Ziemiach Polskich*, Zydowski Instytut Historyczny, Warschau 1957, S. 21f.
31 Einführung der Kennzeichnungspflicht für Juden in Krakau, vom 18. 11. 1939; Plakat (ZIH)
32 Dawid Rubinowicz, Tagebuch, in: *Polen von heute*, Nr. 4–6/1960, S. 15
33 Adolf Hitler, *Mein Kampf*, 40. Auflage, München 1933, S. 742
42 Anordnung des Chefs des Distrikts Krakau. Dr. Wächter, vom 3. 3. 1941 (ZIH, Plakat Nr. 78); Berenstein u. a. (s. S. 30), S. 111

43 Anordnung des Chefs des Distrikts Warschau, Dr. Fischer, vom 2. 10. 1940; Berenstein u. a. (s. S. 30), S. 95
44 Fernschreiben Nr. 161 vom 10. 3. 1942 von Major Ragger, Krakau, an den Gouverneur des Distrikts Lublin; Dr. J. Kermisz (Hrsg.), *Dokumenty i Materialy do Dziejow Okupacji Niemieckiej w Polsce*, Bd. II, ›Akcje‹ i ›Wysiedlenia‹, Centralna Zydowska Komisja Historyczna w Polsce, Warschau-Lodz-Krakau 1946, S. 24
45 Fernschreiben Nr. 258 vom 13. 3. 1942 von Major Ragger, Krakau, an den Gouverneur des Distrikts Lublin; Kermisz (s. o.), S. 28
47 Pfarrer G. Schedler, Würzburg (früher Lodz), Ein Ghetto im Schatten, in: *Friede über Israel*, München, Nr. 3, Juli 1951
48 J. Turkow, in: Josef Wulf, *Vom Leben, Kampf und Tod im Ghetto Warschau*, Beilage zur Wochenzeitung »Das Parlament«, S. 167
50 1. Rundschreiben des Regierungspräsidenten von Kalisch, Uebelhör, vom 10. 12. 1939 (ZIH); Berenstein u. a. (s. S. 30), S. 77ff.
    2. Vortrag des Umsiedlungsamtsleiters Waldemar Schön beim Distriktsgouverneur Warschau am 20. 1. 1941, Stroop-Prozeß, Bd. 2, S. 209ff.; Berenstein u.a. (s. S. 30), S. 102ff.
    3. Bericht des Kommissars des jüdischen Wohnbezirks in Warschau, Heinz Auerswald (ZIH, K-0100); Berenstein u. a. (s. S. 30), S. 131ff.
51 Ludwik Hirszfeld, Die Stadt des Todes, Ms. (WL)
52 1. Amtsleiter Biebow, Ghettoverwaltung Litzmannstadt, an die Gestapo Litzmannstadt, z. H. Herrn Kommissar Fuchs, am 4. 3. 1942; Blumental (s. S. 12/3.), S. 179
    2. derselbe an den Oberbürgermeister von Litzmannstadt, Ventzki, am 19. 4. 1943; Blumental (s. S. 12/3.), S. 180
    3. Sonderbefehl für den Schußwaffengebrauch vom 11. 4. 1941; A. Eisenbach (Hrsg.), *Dokumenty i Materialy*, Bd. III, Getto Lodzkie, Centralna Zydowska Komisja Historyczna w Polsce, Warschau-Lodz-Krakau 1946, S. 86f.
53 1. Telegramm des Befehlshabers der Sicherheitspolizei im Generalgouvernement, Schoengarth, vom 24. 12. 1941 (ZIH K-2600); Berenstein u. a. (s. S. 30), S. 167f.
    2. Die Sicherheitspolizei Transferstelle Piaski an den Kommandeur der SIPO, Lublin, am 11. 4. 1942; Kermisz (s. S. 44), S. 194

3. Die Ghettoverwaltung Litzmannstadt an den Polizeipräsidenten von Litzmannstadt am 8. 6. 1942; Blumental (s. S. 12/3), S. 83

4. Der Gaubeauftragte für das Winterhilfswerk, Posen, an die Ghettoverwaltung Litzmannstadt am 9. 1. 1943; Kermisz (s. S. 44), S. 169

5. Der Oberbürgermeister von Litzmannstadt an die Ghettoverwaltung am 20. 9. 1943; Blumental (s. S. 12/3.), S. 80

54 1. Eidliche Erklärung des Bau-Ingenieurs Hermann Friedrich Gräbe in Wiesbaden am 10. 11. 1945, PS-2992; IMT (s. S. 12/2.), Bd. XXXO, S. 441 f.

2. Bernard Goldstein, *Die Sterne sind Zeugen*, Frankfurt a. M. 1949, S. 158

55 Bekanntmachung Nr. 428 über den Beginn der Räumung des Ghettos Lodz, vom 22. 8. 1944; Plakat (WL)

56 1. Brief von M. Tennenbaum, Kommandant des Ghettoaufstandes in Bialystok, Ende Juli 1943; Wulf (s. S. 48), S. 174

2. Aufruf der katholischen »Front für die Erneuerung Polens«, in: *The Black Book of Polish Jewry*, hrsg. von der American Federation of Polish Jews, New York 1943, S. 134

57 1. Rundschreiben des Regierungspräsidenten von Kalisch, Uebelhör, vom 10. 12. 1939; Berenstein u. a. (s. S. 30), S. 80

2. Vortrag des Umsiedlungsamtsleiters Waldemar Schön am 20. 1. 1941; Berenstein u. a. (s. S. 30), S. 104

58 Goldstein (s. S. 54/2.), S. 99

61 Schreiben der staatlichen Kriminalpolizei Litzmannstadt an die Ghettoverwaltung vom 8. 1. 1943; Blumental (s. S. 12/3.), S. 181

63 W. Szpilman in: Wulf (s. S. 48), S. 168

65 Dr. Freiherr du Prel, Das deutsche Generalgouvernement Polen, Krakau 1940, S. 143, in: Poliakov/Wulf II (Hrsg.), *Das Dritte Reich und seine Diener*, Berlin 1956, S. 384

70 Generalgouverneur Hans Frank am 9. 9. 1941; Poliakov/Wulf I (Hrsg.), *Das Dritte Reich und die Juden*, Berlin 1955, S. 177

72 Bericht des Wachtmeisters der Schutzpolizei Naumann, Ghetto Litzmannstadt, vom 1. 12. 1941; Blumental (s. S. 12/3.), S. 98

73 Aufruf »An die Einwohner des jüdischen Wohnbezirks« in Warschau am 1. 8. 1942; T. Berenstein, A. Eisenbach, B. Mark, A. Rutkowski (Hrsg.), Faschismus – Ghetto – Massenmord, Berlin 1960, S. 309

74 Alfred Goldstein (Hrsg.), *Cinq récits des enfants du ghetto*, London o. J., S. 22

75 Plakat (ZIH)

76 Bericht des Ghettokommissariats Litzmannstadt an den Inspekteur der Sicherheitspolizei vom 24. 9. 1942; Blumental (s. S. 12/3.), S. 137

77 Vermerk vom 17. 3. 1942 über eine Unterredung mit SS-Hauptsturmführer Höfle, Lublin; Kermisz (s. S. 44), S. 32

78 Korrespondenz zwischen Unterstaatssekretär im Verkehrsministerium Theodor Ganzenmüller und Himmlers Feldadjutant, SS-Obergruppenführer Karl Wolff; Prozeß IV, S. 2184 f. des deutschen Protokolls, in: Gerald Reitlinger, *Die Endlösung*, Berlin 1956, S. 288

80 Goebbels-Tagebücher, Zürich 1948, S. 142 f.

82 1. Bericht eines Rüstungsinspekteurs in der Ukraine an General Thomas vom 2. 12. 1941, PS-3257; Poliakov/Wulf II (s. S. 65), S. 521

2. Geheimer Tätigkeitsbericht der Einsatzgruppe A für die Zeit vom 16. 10. 1941 bis 31. 1. 1942, PS-2273; IMT (s. S. 12/2.), Bd. XXX, S. 72 ff.

3. Der Generalkommissar für Weißruthenien, Wilhelm Kube, an den Reichskommissar für das Ostland, Hinrich Lohse, Riga, am 31. 7. 1942 (Fotokopie WL)

83 Gräbe (s. S. 54/1.), S. 447

84 Eidesstattliche Erklärung des Dolmetschers Alfred Metzner in Augsburg am 18. 9. 1947, NO-5558 (WL)

85 Plädoyer des britischen Hauptanklägers Sir Hartley Shawcross im Nürnberger Prozeß; IMT (s. S. 12/2.), Bd. XIX, S. 467, 501

86 Bericht von Oberleutnant Walther über die Erschießung von Juden und Zigeunern, NOKW 905; Jüdisches Museum, Belgrad

92 Brief des Gendarmeriemeisters Fritz Jacob an Generalleutnant Querner (CDJC); siehe auch Poliakov/ Wulf I, (s. S. 70), S. 383

93 Rede Himmlers in Posen am 4. 10. 1943, PS-1919; *Das Urteil im Wilhelmstraßen-Prozeß*, Schwäbisch-Gmünd 1950, S. 114; in: Reitlinger (s. S. 78), S. 334 f.

95 »Die Front«, Feldzeitung einer Armee Nr. 414, vom 18. 7. 1942, in: Poliakov/Wulf II (s. S. 65), S. 405

97 Der Reichskommissar für das Ostland an den Reichsminister für die besetzten Ostgebiete am 18. 6. 1943, R-135; Poliakov/Wulf I (s. S. 70), S. 192

102 1. Aufruf zur Registrierung der Juden in Den Haag, Holland, vom 31. 1. 1941; Plakat (Foto RvO)

2. Aufruf zur Registrierung der Juden in Belgrad, Jugoslawien, vom 16. 4. 1941; Plakat (Foto Jüdisches Museum Belgrad)

3. Aufruf zur Registrierung der Juden in Vichy, Frankreich, vom 24. 7. 1941; Plakat (Foto Stephane Richter, Paris)

103 1. Göring an den Chef der SIPO und des SD, Heydrich, am 31. 7. 1941, NG-2586-E; (Fotokopie RvO)

2. Protokoll der »Wannsee-Besprechung« vom 20. 1. 1942, NG-2586-G (Fotokopie RvO); siehe auch Poliakov/Wulf I (s. S. 70), S. 116 ff.

104 Rundschreiben der Gestapo, Außendienststelle Bielefeld, vom 20. 3. 1942, (Tgb. Nr. II B 3 – 944/42), Düsseldorfer Gestapopapiere (Fotokopie WL)

105 Bericht über die Evakuierung von Juden nach Riga vom 26. 12. 1941, Düsseldorfer Gestapopapiere (Fotokopie WL)

106 Berichte des Vertreters des A. A. beim Reichskommissar für die besetzten niederländischen Gebiete in Den Haag, NG-2631 (Fotokopie RvO: BBT 2914 A bis K)

107 1. SS-Hauptsturmführer Dannecker, Paris, an das RSHA Berlin, am 10. 7. 1942

2. Vermerk Danneckers vom 21. 7. 1942

3. RSHA an die SIPO Paris, am 13. 8. 1942

4. SS-Hauptsturmführer Röthke, Paris, an das RSHA Berlin, den Inspekteur der KL und das KL Auschwitz, am 14. 8. 1942
(sämtlich CDJC)

5. Georges Wellers: *De Drancy à Auschwitz*, Paris 1946, S. 58

108 1. Generalkonsul Otto Bene, Den Haag, an das Auswärtige Amt Berlin, am 31. 7. 1942 (Fotokopie RVO: 207.5403/ E 362443/4)

2. Der deutsche Botschafter beim Vatikan, v. Weizsäcker, an das AA am 28. 10. 1943; Poliakov/Wulf I (S. S. 70) S. 85

113 Polizeiverordnung über die Kennzeichnung der Juden vom 1. 9. 1941, *Reichsgesetzblatt*, Jg. 1941, Teil I, Nr. 100, S. 547

114 SS-Obersturmbannführer Eichmann, Reichssicherheitshauptamt, an Legationsrat Rademacher, Auswärtiges Amt, Schnellbrief vom 22. 6. 1942, (Fotokopie RvO: BBT 26 g A)

116 Illegales holländisches Flublatt (RvO)

118 Bericht des Polizei-Inspektors Stecker vom 9. 3. 1942 über eine Besprechung im RSHA, Amt IV B 4, am 6. 3. 1942, Düsseldorfer Gestapopapiere (Fotokopie WL)

122 Rudolf Höss, *Kommandant in Auschwitz*, Autobiographische Aufzeichnungen, hrsg. vom Institut für Zeitgeschichte, Stuttgart 1958, S. 153

123 Fernschreiben des RSHA an die Befehlshaber der Sicherheitspolizei in den Haag, Paris, Brüssel und Metz, vom 29. 4. 1943 (CDJC)

124 Schreiben an den Chef des Generalstabes beim Militärbefehlshaber in Frankreich am 30. 7. 1942 (CDJC)

132 Der Reichsführer SS an den Chef der SIPO und des SD am 9. 4. 1943 (Fotokopie RvO)

134 Augenzeugenbericht des ehem. SS-Obersturmführers Kurt Gerstein in Rottweil am 4. 5. 1945; Vierteljahreshefte für Zeitgeschichte, 1. Jg., 1953, 2. Heft, April, S. 185 ff.

136 Eidesstattliche Erklärung des ehem. SS-Obersturmführers Rudolf Franz Ferdinand Höss in Nürnberg am 5. 4. 1946, PS–3868; IMT (s. S. 12/2.), Bd. XXXIII, S. 275; siehe auch Poliakov/Wulf I (s. S. 70), S. 127

137 Tagebuch des SS-Hauptsturmführers Prof. Dr. med. Johann Kremer (Museum Auschwitz)

138 1. Aussage des ehem. Häftlings stud. math. Kai Feinberg, Oslo, im Nürnberger Prozeß; *SS im Einsatz*, Berlin 1957, S. 464
2. Aussage des ehem. Häftlings Prof. Marc Klein, Straßburg; *Témoignages Strasbourgeois*, Les Belles Lettres, Paris 1954, S. 429 f.
3. Aussage des ehem. Häftlings Marie Claude Vaillant-Couturier, Abgeordneter, Paris, im Nürnberger Prozeß; IMT (s. S. 12/2.) Bd. VI, S. 227 f.
4. Aussage des ehem. Häftlings Noack Treister, Prag, im Nürnberger Prozeß; SS im Einsatz (s. o.), S. 472
5. Aussage des ehem. Häftlings Grégoire Afrine, Paris, im Nürnberger Prozeß; SS im Einsatz (s. o.), S. 458
6. Aussage des ehem. Häftlings Dr. Robert Levy, Straßburg; Poliakov/Wulf I (s. S. 70), S. 264

139 1. Dr. Otto Ambros, Vorstandsmitglied der IG-Farben, Ludwigshafen, am 12. 4. 1941 an die Direktion der IG-Farben, NI–11118; Reimund Schnabel, *Macht ohne Moral*, Frankfurt 1957, S. 227
2. Aussage des ehem. Aufsichtsratsvorsitzenden der IG-Farben, Karl Krauch, im IG-Farben-Prozeß, NI–4033; siehe auch Hellwig/Deicke, *Ein Tagebuch für Anne Frank*, Berlin o. J.
3. Aussage des ehem. Häftlings Kai Feinberg im Nürnberger Prozeß; SS im Einsatz (s. S. 138/1.), S. 466 f.
4. Aussage des ehem. Häftlings Leon Staischak im Nürnberger Prozeß; SS im Einsatz (s. S. 138/1.), S. 455
5. Aussage des ehem. Häftlings Dr. Gustav Herzog im Nürnberger Prozeß; SS im Einsatz (s. S. 138/1.), S. 469

140 1. Fernschreiben des Chefs der SIPO und des SD an den Reichsführer SS vom 16. 12. 1942, PS–1472; *Trials of the Major War Criminals*, Bd. XXVII, S. 251
2. Fernspruch der Inspektion der KL, Oranienburg, an das Wirtschafts-Verwaltungshauptamt vom 8. 3. 1943; N. Blumental (Hrsg.), *Dokumenty i Materialy*, Bd. I, Obozy, Centralna Zydowska Komisja Historyczna w Polsce, Lodz 1946, S. 110
3. Aussage des ehem. Häftlings Norbert Wolheim, Berlin, im Nürnberger Prozeß; SS im Einsatz (s. S. 138/1.), S. 460

142 Aussage im Nürnberger Prozeß; SS im Einsatz (s. S. 138/1.), S. 268

143 Giza Landau, Im Lager; Poliakov/Wulf I (s. S. 70), S. 286

144 Höss (s. S. 136)

145 Gerstein (s. S. 134)

146 Höss (s. S. 122), S. 163

148 Dr. Ella Lingens-Reiner, *Prisoners of Fear*, London 1948, S. 70

153 Gerstein (s. S. 134)

161 SS-Ustuf. Schwarz, KL Auschwitz, an das Hauptamt Haushalt und Bauten, Berlin-Lichterfelde, Unter den Eichen 126; Blumental (s. S. 12/3.), S. 181

164 Rede Hitlers am 8. 11. 1942, in: *Deutschland im zweiten Weltkrieg*, Originalaufnahmen aus den Jahren 1939 bis 1945 (2 Lpl.) Ariola, Gütersloh

166 Tagesmeldungen des SS-Brigadeführers und Generalleutnants der Polizei, Jürgen Stroop, an den Höheren SS- und Polizeiführer Ost, Krakau, in »Es gibt keinen jüdischen Wohnbezirk in Warschau mehr«, Bericht über die Liquidierung des Warschauer Ghettos vom 16. 5. 1943, PS–1061; IMT (s. S. 12/2.) Bd. XXXVI, S. 628 ff.

169 Funktelegramm der ZOB (Jüdische Kampforganisation) vom 19. 4. 1943 nach London; Bernard Mark, *Der Aufstand im Warschauer Ghetto*, Berlin 1959, S. 384

170 Einleitung des Stroop-Berichts (s. S. 166)

174 Einleitung des Stroop-Berichts (s. S. 166)

175 Bericht der ZOB Nr. 5; Mark (s. S. 169), S. 316

177 Einleitung des Stroop-Berichts (s. S. 166)
Cywia Lubetkin, *Die letzten Tage des Warschauer Ghettos*; Commentary, New York, Mai 1947

180 Aufruf der ZZW (Jüdische Kampforganisation) vom 22. 1. 1943 (ZIH, Archiv Ringelblum II Nr. 333/3); Mark (s. S. 169), S. 171

181 Letzter erhalten gebliebener Bericht der ZOB vom 26. 4. 1943; (s. S. 169), S. 337

182 P. Elsner, Aufzeichnungen; Mark (s. S. 169), S. 317

183 Brief der jüdischen Widerstandsbewegung vom 1. 3. 1944 nach New York; Wulf (s. S. 48), S. 171

186 1. Aussage des ehem. Kommandanten des KZ Mauthausen, Franz Ziereis; SS im Einsatz (s. S. 138/1.), S. 235 f.
2. Aussage von Dr. Georg Straka, Straßburg, Temoignages Strasbourgois, (s. S. 138/2.), S. 90
3. Grete Salus, *Eine Frau erzählt*, Schriftenreihe der Bundeszentrale für Heimatdienst, Heft 36, Bonn 1958, S. 77
4. Bericht von Pater Peraira S. J., Trier; SS im Einsatz (s. S. 138/1.), S. 322

187 1. Bildbericht »KZ« hrsg. vom amerikanischen Informationsdienst, in: SS im Einsatz (s. S. 138/1), S. 250
2. Bericht einer britischen Parlamentsdelegation vom April 1945; SS im Einsatz (s. S. 138/1.), S. 190

188 1. Eidliche Erklärung des ehem. SS-Sturmbannführers Dr. Wilhelm Hoettl, PS–2738; Poliakov/Wulf I (s. S. 70), S. 99

2. Eidliche Aussage des ehem. SS-Hauptsturmführers Dieter Wisliceny in Nürnberg am 3. 1. 1946; IMT (s. S. 12/2.) Bd. IV, S. 411 f.

190 Befehl des Reichsführers SS vom 4. 4. 1945 an die Lagerkommandanten von Dachau und Flossenbürg; Blumental (s. S. 12/3.), S. 236

193 Eugen Kogon. *Heute*, München 1946, Heft 3

196 Zdenka Vantlova, *Modernes Mittelalter*; Ms. (YW E/1–4–1)

209 Plädoyer des amerikanischen Hauptanklägers Robert H. Jackson im Nürnberger Prozeß; IMT (s. S. 12/2.), Bd. XIX, S. 397

212 *Buchenwald — Mahnung und Verpflichtung*, Berlin 1960, S. 563

Bildquellen

Bei der Mehrzahl der Bilder handelt es sich um Aufnahmen, die auf Veranlassung oder mit Erlaubnis der Nazi-Behörden gemacht wurden. So stammen ein Teil der Bilder vom Warschauer Ghetto und auch jene von der Registrierung der russischen Juden in Odessa aus größeren Serien amtlicher Fotografien, die von deutschen ›Propagandakompanien‹ aufgenommen wurden. Auch die Amateurbilder einer Massenexekution in Lettland fand man in einem verlassenen Büro der Gestapo.

Die Aufnahmen von der Deportation in Holland sind einer Serie entnommen, die der dortige Befehlshaber der Sicherheitspolizei und des SD herstellen ließ. Die Bilder von der Ankunft und Selektion der Deportierten in Auschwitz-Birkenau stammen aus einer Kollektion von über 200 Fotos, die im Sommer 1944 aufgenommen wurden, als die Massentransporte aus Ungarn eintrafen. Die Aufnahmen wurden nach dem Krieg im ehemaligen Quartier eines SS-Offiziers in der Tschechoslowakei gefunden.

Die Fotos vom Aufstand im Warschauer Ghetto stellen eine Auswahl der insgesamt 53 Aufnahmen eines illustrierten Berichts dar, den die SS über dieses Ereignis anfertigte. Der Rest der Bilder sind Privataufnahmen, die bei gefangenen Soldaten und SS-Leuten beschlagnahmt wurden, oder illegale Fotos von Mitgliedern der Widerstandsbewegung.

Eine Ausnahme bilden die Fotos des Britischen Kriegsmuseums, die nach der Befreiung der Konzentrationslager von Pressefotografen der alliierten Truppen aufgenommen wurden.

Allgemeine Wochenzeitung der Juden in Deutschland, Düsseldorf: 40 (2);

Associated Press, Frankfurt: 160 u., 163 (4.), 192;

Bundesarchiv Koblenz: 58, 59, 60 o., 60 u., 63, 68, 74, 75;

CAF, Warschau: 152 o., 155 o.;

Centre de Documentation Juive Contemporaine, Paris: 34, 36, 38 o., 42, 43, 44, 45, 66, 69 o., 70, 72/73, 76, 77, 79 o., 80, 86, 87 u., 92, 93, 98, 109, 118, 124, 126 (2), 127, 128, 155 u., 158 (2), 189, 194, 202;

Copress, München: 46, 47;

Deutsche Presse-Agentur, Frankfurt: 17, 190;

Glavnoje arhivnoje upravlenije, Moskau: 90/91 (4), 94, 95, 96/97 (5), 99 (2), 100, 159;

Imperial War Museum, London: 160 o., 161, 163 (5.), 191, 193, 196, 197, 198, 199, 203, 204/205, 206, 207, 209, 210, 211, 212;

Jüdisches Museum, Belgrad: 38 u. · 208;

Keystone, München: 21, 61, 163, (2.);

Kongreß-Verlag, Berlin: 15, 22, 39 o., 64 o., 65, 71;

Landesbildstelle Berlin: 16;

Alfred Merges, Zittau: 14;

National Archives, Washington, D.C.: 200, 201 (2);

Panstwowe muzeum, Auschwitz: 141, 152 u., 156 (2), 157 (2), 162 (2), 164, 195 (3);

Rijksinstituut voor Oorlogsdocumentatie, Amsterdam: 20, 25, 110/111 (9), 112, 113, 114, 115 (2), 116, 117, 122, 123, 125, 129, 130 (2), 131 (2), 132;

Röderberg Verlag, Frankfurt: 88/89 (4);

Rütten und Loening, Berlin: 35 o., 41, 67, 69 u., 79 u.;

Statni zidovske museum, Prag: 142, 143, 144, 145, 146, 147, 148, 149, 154;

Der Stern, Henri Nannen Verlag, Hamburg: 163 (3.);

Ullstein, Berlin: 13, 18/19, 26, 27;

The Wiener Library, London: 23, 24, 28;

Yad Washem, Jerusalem: 85;

Zentralbild, Berlin: 150/151, 153;

Zydowski Instytut Historyczny, Warschau: 33, 35 u., 37, 39 u., 48, 57, 62, 64 u., 78, 87 o., 119, 120/121 (4), 163 (1.), 169–184 (18).

Literaturhinweise

Analyse und Kritik des Antisemitismus

Eleonore Sterling: *Er ist wie Du*. Aus der Frühgeschichte des Antisemitismus in Deutschland (1815–1850), München 1956, 235 S.
Paul W. Massing: *Vorgeschichte des politischen Antisemitismus* (1870–1918), Frankfurt a. M. 1957, 287 S.
Eva G. Reichmann: *Die Flucht in den Haß*. Die Ursachen der deutschen Juden-Katastrophe, Frankfurt a. M. 1956, 324 S.
Hannah Arendt: *Elemente und Ursprünge totaler Herrschaft*, Frankfurt a. M. 1955, 782 S.
Léon Poliakov: *Geschichte des Antisemitismus*. Bd. I. Von der Antike bis zu den Kreuzzügen, Worms 1977, 93 S.
Friedrich Pollock u. a.: *Gruppenexperiment*, Frankfurt a. M. 1955, 560 S.
Theodor W. Adorno: *Studien zum autoritären Charakter*, Frankfurt a. M. 1973, X, 482 S.
Jean Paul Sartre: *Betrachtungen zur Judenfrage*. Psychoanalyse des Antisemitismus, Zürich 1948, 135 S.
C. Bibby: *Rassen, Gruppen, Vorurteile und Erziehung*. Ein Handbuch für Lehrer, Berlin 1959, 115 S.

NS-System

Martin Broszat: *Der Nationalsozialismus – Weltanschauung, Programm und Wirklichkeit*, Stuttgart 1960, 84 S.
Walther Hofer: *Der Nationalsozialismus*. Dokumente 1933 bis 1945, Frankfurt a. M. 1957, 385 S.
Reimund Schnabel: *Macht ohne Moral*. Eine Dokumentation über die SS, Frankfurt a. M. 1957, 580 S.
William L. Shirer: *Aufstieg und Fall des Dritten Reiches*, Köln 1961, 1174 S.
Alan Bullock: *Hitler. Eine Studie über Tyrannei*, Düsseldorf 1971, 885 S.
Reinhard Henkys: *Die nationalsozialistischen Gewaltverbrechen*. Geschichte und Gericht, Stuttgart/Berlin 1964, 392 S.
Edward Crankshaw: *Die Gestapo*, Berlin 1959, 160 S.
Ermenhild Neusüss-Hunkel: *Die SS*, Hannover 1956, 143 S.
Eugen Kogon: *Der SS-Staat*. Das System der deutschen Konzentrationslager, Frankfurt a. M. 1958, 419 S.
Alexander Mitscherlich/Fred Mielke: *Medizin ohne Menschlichkeit*, Frankfurt a. M. 1960, 296 S.
Walter Poller: *Arztschreiber in Buchenwald*, Offenbach 1960, 282 S.
Rudolf Höß: *Kommandant in Auschwitz*. Autobiografische Aufzeichnungen, Stuttgart 1958, 184 S.

NS-Judenverfolgung

Gerald Reitlinger: *Die Endlösung* – Hitlers Versuch der Ausrottung der Juden Europas 1939–1945, Berlin 1956, 698 S.
Raoul Hilberg: *The Destruction of the European Jews*, Chicago 1967, 788 S.
Wolfgang Scheffler: *Judenverfolgung im Dritten Reich. 1933 bis 1945*, Frankfurt a. M. 1961, 245 S.
Arthur D. Morse: *While Six Million Died*, London 1968, 420 S.

Léon Poliakov/Josef Wulf: *Das Dritte Reich und die Juden*. Dokumente und Aufsätze, Berlin 1955, 457 S.
Léon Poliakov/Josef Wulf: *Das Dritte Reich und seine Diener*. Dokumente, Berlin 1956, 540 S.
Bruno Blau: *Das Ausnahmerecht für die Juden in Deutschland 1933–1945*, Düsseldorf 1954, 125 S.
H. G. Adler: *Theresienstadt 1941–1945*. Das Antlitz einer Zwangsgemeinschaft, Tübingen 1955, 773 S.
H. G. Adler: *Die verheimlichte Wahrheit*. Theresienstädter Dokumente, Tübingen 1958, 372 S.
Rahel Auerbach: *Im Feuer vergangen* – Tagebücher aus dem Ghetto, Berlin 1958, 608 S.
Gerhard Schoenberner: *Wir haben es gesehen*. Augenzeugenberichte über die Judenverfolgung im Dritten Reich, Hamburg 1962, 430 S.
H. G. Adler / H. Langbein / E. Lingens-Reiner: *Auschwitz*. Zeugnisse und Berichte, Frankfurt a. M. 1962, 423 S.

Widerstand

Günther Weisenborn: *Der lautlose Aufstand*. Bericht über die Widerstandsbewegung des deutschen Volkes 1933 bis 1945, Hamburg 1953, 348 S.
Kurt R. Grossmann: *Die unbesungenen Helden*. Menschen in Deutschlands dunkelsten Tagen, Berlin 1957, 388 S.
Helmut Gollwitzer: *Du hast mich heimgesucht bei Nacht*. Abschiedsbriefe und Aufzeichnungen des Widerstandes 1933–1945, München 1954, 466 S.
Piero Malvezzi: *Und die Flamme soll euch nicht versengen*. Letzte Briefe zum Tode Verurteilter aus dem europäischen Widerstand, Zürich 1955, 554 S.
Annedore Leber: *Das Gewissen steht auf*. 64 Lebensbilder aus dem deutschen Widerstand, Berlin 1954, 237 S.
Annedore Leber: *Das Gewissen entscheidet*. Bereiche des deutschen Widerstandes 1933–1945 in Lebensbildern, Berlin 1957, 303 S.

NS-Prozesse

Internationales Militärtribunal: *Der Prozeß gegen die Hauptkriegsverbrecher*, Nürnberg 1947–1949, 42 Bd.
Gideon Hausner: *Justice in Jerusalem*, London 1967, 528 S.
Hannah Arendt: *Eichmann in Jerusalem*. Ein Bericht von der Banalität des Bösen, München 1964, 344 S.
Ralph Giordano / H. G. van Dam: *KZ-Verbrechen vor deutschen Gerichten*, Frankfurt a. M. 1962, Bd. I, 583 S.; 1966 Bd. II, 514 S.
Bernd Naumann: *Auschwitz*. Bericht vom Prozeß vor dem Schwurgericht Frankfurt, Frankfurt a. M. 1965, 552 S.

Bibliografien

Ilse R. Wolff: *German Jewry, its History, Life and Culture*, The Wiener Library, London 1958, 279 S.
The Wiener Library, *Persecution and Resistance under the Nazis*, London 1960, 208 S.
Jacob Robinson/Philip Friedman: *Guide to Jewish history under Nazi impact*, New York 1960, 425 S.

Inhaltsverzeichnis